L'ENFER

— PARIS —
IMPRIMÉ PAR J. CLAYE ET C.ᵉ
RUE SAINT-BENOIT, 7

L'ENFER

DU

DANTE

TRADUIT EN VERS

PAR

LOUIS RATISBONNE

> Vagliami 'l lungo studio e 'l grande amore
> Che m' han fatto cercar lo tuo volume.
>
> ENFER, chant I.

TOME PREMIER

PARIS

MICHEL LÉVY FRÈRES, LIBRAIRES-ÉDITEURS

RUE VIVIENNE, 2 BIS

—

1852

PRÉFACE

Traduttore traditore, traduire, c'est trahir, disent les Italiens; et le mot est menaçant pour les traducteurs du Dante, qui plonge les traîtres au plus profond de son enfer. Mais aussi n'est-ce pas sans de vives appréhensions que j'ai essayé de redire dans notre langue la parole de l'Homère italien, de celui qu'Alfieri invoquait sous le nom de *gran padre Alighieri*. Ce qui m'a sollicité, ce qui m'a attaché à une entreprise sans doute au-dessus de mes forces, c'est qu'en France, pour ceux qui n'entendent pas l'italien, le Dante n'est guère connu que par des traductions en prose. M. Antony Deschamps, il est vrai, a traduit en vers des chants ou des fragments de chants choisis çà et là dans la Divine Comédie ; mais, aucune des trois parties dont se compose cette grande épopée n'y est restituée dans son intégrité. Ce procédé d'éparpillement est nuisible, surtout quand il s'agit du Dante, dont l'originalité est si fortement accusée dans la trame serrée et continue de sa fiction, dans son développement si logiquement gradué. Cette traduction a donné pourtant du Dante, une idée plus exacte que pas une autre en prose. C'est que si toutes les traductions sont de belles ou de laides infidèles, celles que l'on fait d'un poëte en prose sont à coup sûr les plus perfides. Elles sont fidèles à la *littéralité* du modèle, infidèles, si je puis m'exprimer ainsi, à sa littérature. La musique des paroles est retranchée avec le mètre en même temps que les tours, les hardiesses, les images du poëte s'allanguissent au milieu des pruderies de la prose, surtout dans notre phrase française, qui marche un peu comme le recteur et sa suite, et qui n'a pas retrouvé depuis Amyot cette vive et courte allure que regrettait Fénelon. Je dois reconnaître que j'ai contre moi deux grandes autorités. M. Villemain s'est déclaré plus favorable à la prose, même pour rendre les poëtes, parce que toute reproduction en vers aurait le tort, suivant lui, d'être plus ou moins une nouvelle création, et M. de Lamennais, prépare dit-on, une traduction en prose de la Divine Comédie. La prose de M. de Lamennais fait des miracles, et je dois m'attendre à un démenti qui frappera d'ailleurs un des plus vifs admirateurs de son beau génie. Pour ma part, en traduisant le Dante en vers, je voudrais, du moins, avoir réussi contre la haute autorité de M. Villemain à être un fidèle imitateur. J'ai essayé de traduire en tercets, suivant le texte, et tercet par tercet, presque vers par vers, l'*Enfer* tout entier, cette première et plus admirable partie de la trilogie du Dante. Dans ces conditions, sous la discipline rigoureuse de notre prosodie, avec notre poétique un peu guindée, je n'aurai pu rendre pourtant que de loin ce langage énergiquement familier et simplement riche, ce parler concis et contenu, parfois expansif et rempli de grâces naïves ; quelquefois aussi empruntant aux écoles du temps leur manière subtile et scolastique. Je ne me berce pas d'ailleurs d'illusions et je sais jusqu'à quel point on peut réussir dans une œuvre de ce genre. Je sais que les vrais, les meilleurs traducteurs d'un poëte sont les artistes, les peintres et les sculpteurs. Ils incarnent son idéal. Dante en a eu de sublimes. Giotto, le Pérugin, Michel Ange, Raphaël, voilà ses vrais interprètes. Et de nos jours, faut-il taire la gloire des vivants?—quand le pinceau spiritualiste d'Ary Scheffer reproduisait la figure chaste et passionnée de Françoise de Rimini, le peintre ne donnait-il pas de ce rêve du poëte la seule traduction qu'on puisse citer après le modèle?

Tout a été dit sur le Dante ; mais qu'il me soit

permis de rappeler en quelques traits cette grande et expressive physionomie. Dante, né à Florence en l'année 1265, était de l'ancienne famille des Alighieri. Orphelin dès l'enfance, il s'absorba de bonne heure dans l'étude des lettres et des sciences, sous la direction de Brunetto Latini, l'un des savants les plus célèbres du temps. C'est au seuil de l'adolescence qu'il aima cette fille de Folco Portinari, cette Béatrix morte à la fleur de l'âge, embaumée dans l'immortalité de son amant. Sous la transfiguration platonicienne qu'elle a reçue de lui, elle est devenue l'ange de la théologie. Aujourd'hui, cet emblème qui rappelle le spiritualisme symbolique d'un autre âge nous laisse froids; mais tous ceux qui contempleront dans le Dante la poétique figure de Béatrix, comme lui verront encore le ciel dans ses regards.

Dante chercha le tumulte des camps, peut-être il cherchait la mort. Il combattit aux premiers rangs à la bataille de Campaldino. Il était alors avec les guelfes; c'était le parti auquel appartenait sa famille ; mais il est permis de supposer qu'alors déjà, dans cette longue et terrible lutte du sacerdoce et de l'Empire, son cœur allait à l'empereur, au parti gibelin auquel il consacra depuis toute sa vie. Témoin de la simonie et des excès de la cour de Rome, au milieu de ces factions qui déchiraient l'Italie sous des gouvernements hétérogènes et disparates, républiques capricieuses et petits tyrans, les pires de tous, assistant à cette décadence au milieu des souvenirs de l'empire romain et de ses ruines à jamais éloquentes, il se berça de la résurrection de l'Italie fortement reconstituée même sous un César d'Allemagne; il rêva sans doute cette unité, espérance incessamment reculée, vain mirage qui a enflammé et trompé tant de grands courages depuis Dante. Mais voici dans quelles circonstances le poëte fut jeté dans le parti des gibelins. Il avait été nommé un des prieurs de Florence ; il avait trente-quatre ans quand il fut revêtu de cette suprême magistrature. La faction guelfe des Noirs et la faction gibeline des Blancs déchiraient alors Florence. Le conseil de la république décida l'exil des principaux chefs des deux partis. Dante était du conseil; pourtant il fut accusé d'intelligence avec les Blancs. Bientôt les Noirs, qui tenaient pour le pape, revinrent avec le secours de Charles de Valois, peut-être appelé secrètement par le pontife dans le moment même où Dante était envoyé vers lui en ambassade pour négocier la réconciliation et la paix. Dante fut exilé, vit ses biens confisqués, sa maison rasée, lui-même condamné à être brûlé « *jusqu'à ce que mort s'ensuive,* » si jamais il reparaissait sur le territoire de Florence. C'est alors que commencent cette vie errante, et les tristesses poignantes de l'exil, et « l'escalier d'autrui si dur à monter », et « le pain amer de l'étranger », et « les yeux changés en *désirs de larmes;* » et quand on lui propose de lui rouvrir sous conditions les portes de sa patrie, où sa gloire était déjà rentrée comme un reproche, alors cette lettre si éloquente et si noble où l'exilé écrivait : « Donnez-moi une voie qui ne soit pas contraire à l'honneur pour rentrer à Florence. S'il n'en est pas de semblable, jamais je n'entrerai à Florence. Partout je pourrai jouir du ciel et de la lumière et contempler les vérités sublimes et ravissantes qui éclatent sous le soleil. » On dit communément que Dante appela *contre* Florence Henri de Luxembourg ; on fausse ainsi le vrai caractère du Dante, qui ne fut pas un Coriolan. Henri de Luxembourg était alors pour lui le César légitime, et Florence un des fleurons légitimes de sa couronne impériale. Ce n'est point dans les armes et dans le sang que Dante chercha sa vengeance ; elle est tout entière dans son poëme : c'est là qu'il exhala ses fiers ressentiments et son âme bouillonnante comme les fleuves de l'enfer qu'il a décrits. Combien sa fiction était faite pour remuer et posséder les hommes de son temps! Le siècle était croyant, préoccupé de la vie future, des peines et des récompenses éternelles, des visions de ses moines, de la fin du monde toujours annoncée comme prochaine. Eh bien! il s'empare de ces croyances et de ces superstitions : il a eu aussi son extase, sa vision; il est descendu dans les royaumes éternels, il a assisté au supplice et au châtiment de ses ennemis, et il revient les dire à la terre. Il a vu les mauvais papes plongés dans les fosses brûlantes de l'Enfer, et l'aigle impériale rayonnant au Paradis. Profondément catholique, malgré sa haine contre la domination temporelle des papes, il met en enfer tous les péchés mortels; amis et ennemis sont confondus dans le châtiment (et la fiction orthodoxe en devient plus vraisemblable), mais on reconnaît les uns et les autres à la manière dont le poëte s'attendrit ou s'indigne, leur parle ou les fait parler. A tous il a conservé leur inaltérable personnalité. Ces ombres pleurent, parlent, prient, soupirent, blasphèment, se souviennent, souvenir souvent plus amer que les douleurs du châtiment et qui corrompt même les joies du ciel. Le poëte parle quelque part de ces hommes indifférents et égoïstes « qui sont morts même pendant leur vie. » Les personnages qu'il a représentés vivent même dans la mort. C'est par là que ce poëme, en quelque sorte en dehors de l'humanité, est profondément humain et reste à jamais saisissant malgré les allusions contemporaines perdues en foule, malgré cette foi naïve perdue aussi par qui ces fictions qui nous intéressent faisaient trembler les hommes du moyen âge.

On sait que la langue italienne sortit comme une Minerve tout armée du cerveau du Dante. La passion politique ne semble pas étrangère à ce prodige. On peut croire qu'il dédaigna d'employer la langue latine, alors en usage, et qui était la langue de ses ennemis. Mais où trouver le langage à la fois noble et populaire, digne d'exprimer la conception du poëte et qui pût être entendu de tous? Des idiomes divers, d'innombrables patois se divisaient l'Italie. Dante empruntant aux uns et aux autres, puisant même dans le dialecte provençal, dota l'Italie à la fois d'une langue et d'un chef-d'œuvre.

Ce grand poëte, qui avait si bien mérité de sa patrie, mourut, comme il avait vécu, dans l'exil. Il expira à Ravenne, en 1321, à l'âge de cinquante-six ans. Cette Florence, qu'il a évoquée si souvent dans son poëme avec des emportements qui sentent plus l'amour que la haine, reçut sa dernière plainte dans une épitaphe composée par lui-même, et terminée par ces deux vers d'une mélancolique amertume :

« Hic claudor Dantes patriis extorris ab oris
« Quem parvi genuit Florentia mater amoris. »

« Ici je repose, moi Dante le proscrit, né

de Florence, une mère un peu marâtre ! »

La mémoire du poëte fut du moins magnifiquement vengée des infortunes de sa vie. Son corps redemandé avec instance, des funérailles splendides, son livre lu et commenté publiquement dans toute l'Italie, et la première de ces lectures faite par Boccace dans une église; l'institution de chaires du Dante consacrées à l'explication de cette épopée, qui reçut le nom de *divine*, et qu'il avait appelée naïvement *comédie*, parce que le dénoûment est heureux, l'action se terminant au paradis : tout cela a dû contenter l'ombre du poëte amoureux de la gloire. Toutefois je ne sais jusqu'à quel point il doit être satisfait de ses commentateurs. Ce poëme, en quelque sorte encyclopédique, qui réfléchit la politique comme la théologie et la science du temps, où le symbole surcharge la fiction, appelait certainement l'étude. Mais il plie aujourd'hui sous le poids des explications, des commentaires, des hypothèses. Ce luxe d'érudition a nui au poëte plus que les difficultés de son texte et quelques subtilités scolastiques. On s'en détourne avec une sorte de frayeur, on laisse la divine comédie dans sa majesté incontestée mais solitaire. On peut attribuer, en partie, à cette couche épaisse de commentaires l'oubli où tomba au xvii° siècle le plus grand monument littéraire du moyen âge, oubli si profond que Boileau n'en parle même pas, et le dédain du siècle de Voltaire qui en parle si légèrement.

De nos jours des travaux faits dans un tout autre esprit, où l'érudition se dérobe au lieu de s'étaler, ont remis le Dante en lumière. Pourtant son œuvre n'est pas encore connue comme elle devrait l'être, même du public lettré, qui dort un peu sur l'oreiller de cette saine critique et donne au Dante une admiration trop paresseuse. Que de gens encore qui sont heureux de pouvoir citer l'inscription fatale de la porte de l'enfer ou l'épisode de Françoise de

Rimini ou celui d'Ugolin, et croient avoir payé ainsi à Dante un complet tribut ! Ne vaudrait-il pas mieux aller puiser à la source même de cette poésie le droit de l'admirer, et le moyen de l'admirer mieux ? Aussi, me bornant dans ce travail à des arguments concis et à des notes indispensables, j'ai laissé la parole au Dante, car c'est lui, c'est son texte immortel que le lecteur consultera, plus que la faible copie que j'ai osé imprimer en regard.

Décembre 1852.

L'ENFER

ARGUMENT DU CHANT I.

Dante égaré dans une forêt obscure, s'efforce, pour en sortir, de gravir une colline lumineuse. Une panthère, un lion, une louve, s'opposent tour à tour à son passage et lui font rebrousser chemin. Paraît Virgile, qui le persuade pour échapper à ces périls de visiter les royaumes éternels. Il offre de le conduire lui-même dans l'Enfer et dans le Purgatoire, et Béatrix lui montrera le Paradis.

On connaît le sens de cette mystérieuse et poétique allégorie. La forêt obscure où s'égare le Dante est l'emblème du vice; la colline lumineuse qu'il essaie de gravir, l'image de la vertu. Les animaux sauvages qui lui barrent la route représentent les mauvaises passions : la panthère qui paraît d'abord, c'est la volupté, le lion c'est l'ambition, la louve l'avarice. Enfin, ce voyage aux royaumes éternels que Virgile considère comme le chemin du salut, n'a d'autre sens que la nécessité où est l'homme qui veut vaincre ses passions de se fortifier par la contemplation de nos destinées après la mort, c'est-à-dire par les leçons de la philosophie, de cette philosophie théologique, catholique et orthodoxe avant tout, qui gouvernait les esprits au temps du Dante et qui se préoccupait singulièrement des peines et des récompenses futures.

Aussi, le voyage ne peut s'accomplir que sous les auspices de deux guides : de Virgile d'abord, de Béatrix ensuite ; Virgile, le poëte chéri du Dante dont il fait le symbole de la science, de la sagesse humaine ; Béatrix, la femme qu'il a aimée, qui figure la science des choses divines, l'emblème un peu sévère de la Théologie.

INFERNO

CANTO PRIMO.

Nel mezzo del cammin di nostra vita,
Mi ritrovai per una selva oscura
Che la diritta via era smarrita.

Ahi quanto a dir qual era, è cosa dura,
Questa selva selvaggia ed aspra e forte,
Che nel pensier rinnova la paura!

Tanto è amara, che poco è più morte;
Ma per trattar del ben, ch' i' vi trovai,
Dirò dell' altre cose ch' io v' ho scorte.

I' non so ben ridir com' io v' entrai;
Tant' era pien di sonno in su quel punto,
Che la verace via abbandonai.

L'ENFER

CHANT PREMIER.

Au milieu du trajet de notre vie humaine,
Sorti du droit chemin qui sûrement nous mène,
Je me trouvai perdu dans un bois sans lueur.

Ah, que la retracer est un pénible ouvrage,
Cette forêt épaisse, âpre à l'œil et sauvage
Et dont le seul penser réveille encor la peur !

Tâche amère ! la mort est plus cruelle à peine ;
Mais puisque j'y trouvai le bien après la peine,
Je dirai tout le mal dont j'y fus attristé.

Je ne sais plus comment j'entrai dans ce bois sombre,
Tant pesait sur mes yeux le sommeil chargé d'ombre,
Lorsque du vrai chemin je m'étais écarté.

Ma po' ch' io fui al piè d' un colle giunto,
Là ove terminava quella valle,
Che m' avea di paura il cor compunto;

Guardai in alto, e vidi le sue spalle
Vestite già de' raggi del pianeta,
Che mena dritto altrui per ogni calle.

Allor fu la paura un poco queta,
Che nel lago del cor m' era durata
La notte, ch' i' passai con tanta pietà.

E come quei, che con lena affannata
Uscito fuor del pelago alla riva,
Si volge all' acqua perigliosa, e guata;

Così l' animo mio ch' ancor fuggiva,
Si volse 'ndietro a rimirar lo passo,
Che non lasciò giammai persona viva.

Poi ch' ebbi riposato 'l corpo lasso,
Ripresi via per la piaggia diserta,
Sì che 'l piè fermo sempre era 'l più basso:

Ed ecco, quasi al cominciar dell' erta,
Una lonza leggiera e presta molto,
Che di pel maculato era coperta.

Mais comme j'atteignais le pied d'une colline,
Au point où la vallée obscure se termine,
Qui d'un poignant effroi m'avait saisi le cœur,

Je levai mes regards : et sur la cime altière
Déjà se déployait le manteau de lumière
De l'astre qui partout guide le voyageur.

Alors fut apaisée en mon âme inquiète,
Sur le lac agité de mon cœur, la tempête
Que cette longue nuit y faisait retentir.

Et tel un malheureux échappé du naufrage,
Sorti tout haletant de la mer au rivage,
Se tourne vers les flots qui pouvaient l'engloutir;

A peine de mes sens je recouvrais l'usage,
Je me tournais pour voir encore ce passage
D'où personne jamais ne s'échappa vivant.

Après quelques instants d'un repos salutaire,
Je me pris à gravir la pente solitaire,
Le pied ferme en arrière et le corps en avant.

Voici que sur ma route à peine commencée
Une panthère accourt, svelte, agile, élancée ;
D'un pelage changeant son corps était couvert.

E non mi si partia dinanzi al volto,
Anzi 'mpediva tanto 'l mio cammino,
Ch' i' fui per ritornar più volte volto.

Temp' era dal principio del mattino;
E 'l sol montava in su con quelle stelle,
Ch' eran con lui, quando l' Amor divino

Mosse da prima quelle cose belle;
Sì ch' a bene sperar m' era cagione
Di quella fera la gaietta pelle,

L'ora del tempo, e la dolce stagione;
Ma non sì, che paura non mi desse
La vista che m' apparve d' un leone.

Questi parea che contra me venesse
Con la test' alta, e con rabbiosa fame,
Sì che parea che l' aer ne temesse;

Ed una lupa, che di tutte brame
Sembiava carca nella sua magrezza,
E molte genti fe', già viver grame.

Questa mi porse tanto di gravezza,
Con la paura ch' uscia di sua vista,
Ch' i' perdei la speranza dell' altezza.

Et loin de s'effrayer devant l'humain visage,
Cet animal si bien me barrait le passage,
Que je fus près vingt fois de rentrer au désert.

Cependant c'était l'heure où le ciel perd ses voiles ;
Le soleil y montait au sein de ces étoiles
Dont le divin Amour se plut à l'entourer

Alors qu'il anima toutes ces belles choses ;
C'était l'aube du jour et la saison des roses,
Et tout dedans mon cœur me disait d'espérer.

Mais après la panthère à la robe éclatante,
Un obstacle nouveau me saisit d'épouvante :
J'avais vu tout à coup apparaître un lion.

Il paraissait venir sur moi tout plein de rage,
Tête levée, et l'air, comme par un orage,
Semblait trembler lui-même à cette vision.

Et puis c'est une louve affamée et qui semble
Porter sous sa maigreur tous les désirs ensemble.
Déjà de bien des gens elle fit le malheur.

Alors je fus frappé d'une torpeur mortelle ;
La terreur que lançaient ses regards était telle
Que je perdis l'espoir d'atteindre la hauteur.

CANTO PRIMO.

E quale è quei, che volentieri acquista,
E giugne 'l tempo che perder lo face;
Che 'n tutti, i suoi pensier piange, e s' attrista;

Tal mi fece la bestia senza pace,
Che venendomi 'ncontro a poco a poco,
Mi ripingeva là, dove 'l sol tace.

Mentre ch' i' rovinava in basso loco,
Dinanzi agli occhi mi si fu offerto
Chi per lungo silenzio parea fioco.

Quando vidi costui nel gran diserto,
Miserere di me, gridai a lui,
Qual che tu sii, od ombra, od uomo certo.

Risposemi: Non uom; uomo già fui,
E li parenti miei furon Lombardi,
E Mantovani per patria amendui.

Nacqui *sub Julio*, ancor che fosse tardi,
E vissi a Roma sotto 'l buono Augusto,
Al tempo degli Dei falsi e bugiardi.

Poeta fui, e cantai di quel giusto
Figliuol d'Anchise, che venne da Troia,
Poichè 'l superbo Ilion fù combusto.

Et semblable au joueur dont l'œil calme rayonne,
Jouant sans s'arrêter tant que la veine est bonne,
Et, quand la chance tourne, éperdu, consterné;

Ainsi, voyant la bête aux approches funèbres
Me replonger aux lieux de muettes ténèbres,
Mon courage et ma foi m'avaient abandonné.

Déjà je retombais dans le val, quand s'avance
Quelqu'un qui paraissait dans un trop long silence
Avoir comme brisé les cordes de sa voix.

Dès que je l'aperçus : « Prends pitié de ma peine,
Qui que tu sois, criai-je, homme ou bien ombre vaine,
Dans ce désert immense où perdu tu me vois ! »

— « Homme je ne le suis, car j'ai cessé de l'être, »
Répondit-il ; Mantoue autrefois m'a vu naître,
De parents mantouans et lombards comme moi.

Je naquis sous César, avant sa tyrannie,
Et Rome sous Auguste a vu couler ma vie
Dans le temps où régnaient les dieux faux et sans foi.

Poëte, j'ai chanté ce pieux fils d'Anchise,
Venu de Troie après que la ville fut prise
Et de ses fiers remparts vit s'écrouler l'honneur.

Ma tu, perche ritorni a tanta noia?
Perchè non sali il dilettoso monte,
Ch' è principio e cagion di tutta gioia?

Oh se' tu quel Virgilio, e quella fonte,
Che spande di parlar sì largo fiume?
Risposi lui con vergognosa fronte.

O degli altri poeti onore e lume;
Vagliami 'l lungo studio e 'l grande amore,
Che m' han fatto cercar lo tuo volume.

Tu se' lo mio maestro, e 'l mio autore:
Tu se' solo colui, da cu' io tolsi
Lo bello stile, che m'ha fatto onore.

Vedi la bestia, per cu' io mi volsi:
Aiutami da lei, famoso Saggio,
Ch' ella mi fa tremar le vene e i polsi.

A te convien tener altro viaggio,
Rispose, poi che lagrimar mi vide,
Se vuoi campar d' esto loco selvaggio;

Chè questa bestia, per la qual tu gride,
Non lascia altrui passar per la sua via,
Ma tanto lo 'mpedisce, che l' uccide:

Mais toi, pourquoi rentrer dans ce lieu de détresse?
Pourquoi ne pas gravir la pente enchanteresse
Principe de tout bien, chemin de tout bonheur? »

« Tu serais, » répondis-je en inclinant la tête,
« Se peut-il? Tu serais Virgile, ce poëte
Qui répand l'harmonie à si larges torrents?

O toi, gloire et flambeau des chantres de la terre,
Compte-moi cet amour et cette étude austère
Qui m'ont tenu courbé sur tes vers si longtems!

C'est toi mon maître, toi mon unique modèle;
C'est de toi que j'ai pris en disciple fidèle
Ce beau style puissant dont on m'a fait honneur.

Je fuis, tu le vois bien, cette bête sauvage.
Aide-moi, défends-moi contre elle, illustre sage!
Elle me fait trembler chaque artère du cœur. »

— « Si tu prétends sortir de ce bois plein d'alarmes, »
Répondit-il, voyant que je versais des larmes,
« Dans un autre chemin il faut porter tes pas.

La bête qui te fait crier, quand sur sa voie
Quelqu'un vient à passer, est sûre de sa proie,
Et sans l'avoir tué ne l'abandonne pas.

Ed ha natura sì malvagia e ria,
Che mai non empie la bramosa voglia,
E dopo 'l pasto ha più fame che pria.

Molti son gli animali, a cui s'ammoglia,
E più saranno ancora, infin che'l Veltro
Verrà, che la farà morir di doglia.

Questi non ciberà terra, nè peltro,
Ma sapienza, e amore, e virtute;
E sua nazion sarà tra Feltro e Feltro.

Di quell'umile Italia fia salute,
Per cui morì la vergine Camilla,
Eurialo, e Turno, e Niso di ferute:

Questi la caccerà per ogni villa,
Finchè l'avrà rimessa nello 'nferno,
Là onde 'nvidia prima dipartilla.

Ond'io per lo tuo me' penso e discerno,
Che tu mi segui, ed io sarò tua guida,
E trarrotti di quì per luogo eterno,

Ov'udirai le disperate strida,
Vedrai gli antichi spiriti dolenti,
Che la seconda morte ciascun grida:

Malfaisante et livrée aux fureurs homicides,
Rien n'assouvit jamais ses appétits avides ;
Sa pâture l'affame au lieu de la nourrir.

A beaucoup d'animaux elle s'accouple immonde,
Et doit d'autres hymens souiller encor le monde ;
Mais le grand chien (1) viendra qui la fera mourir.

Celui-là, dédaignant la terre et la richesse,
Se nourrira d'amour, de vertu, de sagesse.
Il recevra le jour entre Feltre et Feltro.

Il sera le sauveur de cette humble Italie
Pour laquelle ont versé leur sang, donné leur vie
La Camille, Turnus, Nisus, tant de héros.

Il poursuivra le monstre affreux de ville en ville,
Et le replongera dans l'Enfer son asile
D'où l'a jeté l'Envie, au milieu des mortels.

Or, si tu veux pour toi que mon penser décide,
Suis-moi ; pour te sauver je serai, moi, ton guide.
Avec moi tu verras les séjours éternels ;

Ton oreille entendra les cris sans espérance,
Les vieux mânes dolents et qui dans leur souffrance
Appellent à grands cris une seconde mort;

E vederai color, che son contenti
Nel fuoco, perchè speran di venire,
Quando che sia, alle beate genti;

Alle qua' poi se tu vorrai salire,
Anima fia a ciò di me più degna:
Con lei ti lascierò nel mio partire.

Che quello 'mperador, che lassù regna,
Perch' i' fui ribellante alla sua legge,
Non vuol che 'n sua città per me si vegna.

In tutte parti impera, e quivi regge;
Quivi è la sua cittade, e l' alto seggio:
O felice colui, cui ivi elegge!

Ed io a lui: Poeta, i' ti richieggio
Per quello Iddio che tu non conoscesti,
Acciocch' io fugga questo male e peggio,

Che tu mi meni là dov' or dicesti,
Sì ch' io vegga la porta di san Pietro,
E color che tu fai cotanto mesti.

Allor si mosse, ed io gli tenni dietro.

Et ces ombres qui sont dans le feu fortunées,
Espérant, tôt ou tard, en sortir pardonnées,
Et monter au bonheur après ce triste sort.

Vers le ciel leur espoir je ne puis te conduire ;
Mais une âme viendra plus digne de t'instruire :
Elle te conduira quand je t'aurai quitté.

Car le maître qui trône au sein de l'Empyrée,
Comme sa sainte loi de moi fut ignorée,
Ne veut pas que par moi l'on vienne en sa cité.

Roi du monde, là-haut est sa pompe royale,
Son sublime séjour, sa douce capitale.
Bienheureux les élus qui sont là dans ses bras! »

Et moi je répondis : « je t'adjure, ô poëte,
Pour fuir ces grands périls qui menacent ma tête,
Par ce Dieu tout-puissant que tu ne connus pas,

Conduis-moi dans ces lieux que tu dis ; que je voie
La porte de Saint-Pierre où commence la joie,
Et ces infortunés aux douleurs asservis! »

Il marcha sans répondre, et moi, je le suivis.

———

NOTE DU CHANT I.

1. Suivant la plupart des commentateurs, ce chien, qui doit exterminer la louve, est Can Grande della Scala, seigneur de Vérone et bienfaiteur du Dante.

ARGUMENT DU CHANT II.

Dante s'arrête : il s'inquiète des difficultés et des périls du voyage entrepris. « Pour dissiper tes craintes, lui dit Virgile, apprends qu'on s'intéresse à toi dans le ciel. Une vierge sainte, ange de sensibilité et de clémence, voyant ton égarement, t'a recommandé à Lucie; Lucie, à son tour, s'est adressée à Béatrix, qui elle-même est venue me trouver dans les Limbes pour me prier de courir à ton secours. » Dante, rassuré, se remet en route avec plus d'ardeur sur les pas de son guide.

Ce chant, comme le premier, est allégorique : la clémence divine s'est attendrie pour le Dante; elle a chargé *Lucie*, c'est-à-dire, d'après l'étymologie du mot, la Vérité, la Grâce illuminante, de l'éclairer. Mais cette illumination divine a besoin d'être préparée par la philosophie religieuse, par la théologie, figurée, comme nous l'avons dit, sous les traits de Béatrix, et assistée elle-même dans cette œuvre de salut par l'éloquence humaine, par la science profane que représente l'illustre Virgile.

CANTO SECONDO.

Lo giorno se n'andava, e l'aer bruno
Toglieva gli animai, che sono 'n terra
Dalle fatiche loro; ed io sol uno

M'apparecchiava a sostener la guerra
Sì del cammino, e sì della pietate,
Che ritrarrà la mente che non erra.

O Muse, o alto 'ngegno, or m'aiutate:
O mente, che scrivesti ciò ch' io vidi,
Qui si parrà la tua nobilitate.

Io cominciai: Poeta, che mi guidi,
Guarda la mia virtù, s' ell' è possente,
Prima ch' all' alto passo tu mi fidi.

CHANT SECOND.

Le soleil déclinait, l'air se faisait plus sombre,
Et parmi les vivants lentement avec l'ombre
Le repos descendait; seul de tous les humains

Moi je ceignais mes reins et j'armais mon courage,
Pour les émotions et les maux du voyage
Que font revivre ici mes souvenirs certains.

Muses, souffle divin, prêtez-moi vos miracles!
O mon esprit, et toi, qui gravas ces spectacles
C'est là qu'apparaîtront ton éclat, ta grandeur!

Je parlai le premier : « Poëte, mon cher guide,
Avant de m'engager dans l'abîme perfide,
Vois si tu n'as pas trop présumé de mon cœur!

Tu dici, che di Silvio lo parente,
Corruttibile ancora, ad immortale
Secolo andò, e fu sensibilmente:

Però se l'avversario d' ogni male
Cortese fù, pensando l' alto effetto
Ch' uscir dovea di lui, e 'l chi, e 'l quale,

Non pare indegno ad uomo d' intelletto;
Ch' ei fù dell' alma Roma, e di suo 'mpero
Nell' empireo Ciel per padre eletto:

La quale, e 'l quale, a voler dir lo vero,
Fur stabiliti per lo loco santo
U' siede il successor del maggior Piero.

Per questa andata, onde gli dai tu vanto,
Intese cose che furon cagione
Di sua vittoria, e del papale ammanto.

Andovvi poi lo Vas d' elezione,
Per recarne conforto a quella Fede
Ch' è principio alla via di salvazione.

Ma io, perchè venirvi? o chi 'l concede?
Io non Enea, io non Paolo sono:
Me degno à ciò, nè io, nè altri crede.

CHANT II.

Tu nous dis dans tes chants que le pieux Énée,
Quand la mort n'avait pas tranché sa destinée,
Descendit, corps charnel, dans l'immortalité.

Or, qu'il ait reçu, lui, cette faveur insigne,
Que l'ennemi du mal l'en ait estimé digne,.
Prévoyant les grandeurs de sa postérité,

Notre raison l'admet sans beaucoup de surprise.
Dans les décrets du ciel cet heureux fils d'Anchise
De Rome et de l'Empire était le fondateur,

Ville sainte à vrai dire, empire séculaire,
Fondés pour devenir plus tard le sanctuaire
Où de Pierre aujourd'hui siége le successeur.

Grâce à cette entreprise en tes vers honorée,
Le héros entrevit sa victoire assurée
Et le manteau futur du pontife chrétien.

Plus tard un saint apôtre accomplit ce voyage :
Il devait rapporter de son pèlerinage
Un confort pour la Foi, notre divin soutien.

Mais cette grâce, à moi, qui me l'aurait donnée?
Je ne suis pas saint Paul, je ne suis pas Énée.
Qui croira ma vertu digne d'un si grand prix?

Perchè se del venire io m' abbandono,
Temo che la venuta non sia folle,
Se' savio, e intendi me' ch' io non ragiono.

E quale è quei che disvuol ciò che volle,
E per novi pensier cangia proposta,
Sì che del cominciar tutto si tolle;

Tal mi fec' io in quella oscura costa,
Perchè pensando, consumai la 'mpresa,
Che fu nel cominciar cotanto tosta.

Se io ho ben la tua parola intesa,
Rispose del magnanimo quell' ombra,
L'anima tua è da viltate offesa,

La qual molte fiate l' uomo ingombra,
Sì che d' onrata impresa lo rivolve,
Come falso veder, bestia, quand' ombra.

Da questa tema acciocchè tu ti solve,
Dirotti, perch' io venni, e quel che 'ntesi
Nel primo punto che di te mi dolve.

Io era tra color che son sospesi,
E Donna mi chiamò beata e bella,
Tal che di comandare io la richiesi.

Et comme eux si là-bas je vais sur ta parole,
N'aurai-je pas risqué tentative bien folle?
Mieux que je n'ai parlé, sage, tu m'as compris. »

Comme un homme incertain qui s'avance et recule,
Voulait et ne veut plus, et cédant au scrupule
Rejette son projet ardemment embrassé;

Ainsi je m'arrêtai sur cette pente obscure;
Pensif, je devançais la fin de l'aventure,
Et regrettais déjà le chemin commencé.

— « Si je t'ai bien compris, homme pusillanime,
La peur, » me répondit cette ombre magnanime,
« La peur vient de souiller ton élan courageux :

Des grandes actions chimérique barrière,
Ombre qui fait souvent tourner l'homme en arrière
Et l'arrête, semblable au cheval ombrageux.

Mais afin de chasser de ton cœur cette crainte,
Je te dirai pourquoi j'accourus à ta plainte
Et quelle voix d'abord sut m'émouvoir pour toi.

Aux limbes indécis j'errais, lorsque m'appelle
Une sainte du ciel bienheureuse et si belle
Que je la conjurai de me dicter sa loi.

Lucevan gli occhi suoi più che la Stella:
E cominciommi a dir soave e piana,
Con angelica voce, in sua favella:

O anima cortese Mantovana,
Di cui la fama ancor nel mondo dura,
E durerà, quanto 'l mondo lontana:

L' amico mio, e non della ventura,
Nella diserta piaggia è impedito
Sì nel cammin, che volto è per paura;

E temo che non sia già sì smarrito,
Ch' io mi sia tardi al soccorso levata,
Per quel ch' i' ho di lui nel Cielo udito.

Or muovi, e con la tua parola ornata,
E con ciò che ha mestieri al suo campare,
L' aiuta sì, ch' io ne sia consolata.

Io son Beatrice, che ti faccio andare:
Vegno di loco ove tornar disio:
Amor mi mosse, che mi fa parlare.

Quando sarò dinanzi al Signor mio,
Di te mi loderò sovente a lui:
Tacette allora, e poi comincia' io:

Ses yeux resplendissaient mieux que l'étoile pure,
Et sa voix s'échappa douce comme un murmure,
Angélique, et parlant une langue du ciel :

« O cygne de Mantoue, âme noble, » dit-elle,
« Dont le monde a gardé la mémoire fidèle,
Et qui vivras autant que le monde mortel,

A l'ami de mon cœur la fortune est contraire.
Tandis qu'il gravissait la pente solitaire,
Devant mille périls, de terreur il a fui.

Il se perd, et j'ai peur, tant mon angoisse est vive,
Que ma protection ne se lève tardive ;
Ce qu'on m'a dit au ciel m'a fait trembler pour lui.

Va donc, avec l'appui de ta noble parole,
Avec tout ce qui peut le sauver, va, cours, vole,
Pour assister cette âme et pour me consoler.

Je suis la Béatrix, moi, celle qui t'envoie ;
J'arrive d'un séjour où je rentre avec joie ;
C'est l'amour qui m'amène et qui me fait parler.

Et de retour vers Dieu, moi qui suis de ses anges,
Souvent je lui dirai ton nom dans mes louanges. »
Alors elle se tut, et moi je repartis :

CANTO II.

O Donna di virtù, sola per cui
L' umana specie eccede ogni contento
Da quel ciel ch' ha minori i cerchi sui;

Tanto m' aggrada 'l tuo comandamento,
Che l' ubbidir, se già fosse, m' è tardi:
Più non t' è uopo aprirmi 'l tuo talento.

Ma dimmi la cagion, che non ti guardi
Dello scender quaggiuso in questo centro
Dall' ampio loco, ove tornar tu ardi.

Da che tu vuoi saper cotanto addentro,
Dirotti brevemente mi rispose,
Perch' io non temo di venir quà entro.

Temer si dee di sole quelle cose,
Ch' hanno potenza di far altrui male:
Dell' altre no, chè non son paurose.

I', son fatta da Dio sua mercè, tale,
Che la vostra miseria non mi tange,
Nè fiamma d' esto 'ncendio non m' assale.

Donna è gentil nel Ciel, che si compiange
Di questo 'mpedimento, ov' io ti mando,
Sì che duro giudicio lassù frange.

CHANT II.

« O dame de vertu, par qui l'espèce humaine
Sur les êtres créés s'élève souveraine
Dans le ciel de la lune aux cercles plus petits ! (1)

Si doux est d'obéir lorsque ta voix commande,
Qu'on se trouve en retard, même avant la demande !
Va, tu n'as plus besoin de m'ouvrir tes désirs.

Mais dis-moi seulement comment tu peux sans crainte
Descendre jusqu'ici dans cette basse enceinte
De ce ciel où déjà remontent tes soupirs ? »

— « Eh bien, en peu de mots, puisqu'il faut te l'apprendre, »
Dit-elle, tu sauras pourquoi j'ai pu descendre
Dans ces lieux ténébreux où j'entre sans frayeur.

Pour qui s'expose au mal, il est permis de craindre ;
Mais lorsque nul danger ne pourrait nous atteindre,
Pourquoi s'embarrasser d'une vaine terreur ?

Telle me fit de Dieu la faveur adorable,
Qu'à toutes vos douleurs je suis invulnérable.
Je marche parmi vous, insensible à ce feu.

Une vierge est au ciel, clémente et qui s'alarme
Des maux où je t'envoie, et souvent d'une larme
Brise un décret sévère entre les mains de Dieu.

Questa chiese Ducia in suo dimando,
E disse: Or abbisogna il tuo fedele
Di te, ed io a te lo raccomando.

Lucia, nimica di ciascun crudele,
Si mosse, e venne al loco, dov' io era,
Che mi sedea con l'antica Rachele;

Disse: Beatrice, loda di Dio vera,
Chè non socorri quei che t'amò tanto,
Ch' uscio per te della volgare schiera?

Non odi tu la pietà del suo pianto?
Non vedi tu la morte, che 'l combatte
Su la fiumana ove 'l mar non ha vanto?

Al mondo non fur mai persone ratte
A far lor pro, ed a fuggir lor danno,
Com' io, dopo cotai parole fatte,

Venni quaggiù dal mio beato scanno,
Fidandomi nel tuo parlare onesto,
Ch' onora te, e quei ch' udito l' hanno.

Poscia che m' ebbe ragionato questo,
Gli occhi lucenti, lagrimando, volse;
Perchè mi fece del venir più presto:

C'est elle qui d'abord vint supplier Lucie :
« Ton fidèle servant s'égare dans la vie, »
Dit-elle, « et je le fie à ton soin maternel. »

Et Lucie à son tour par la pitié touchée
S'est levée et de moi bientôt s'est approchée
A la place où je trône à côté de Rachel. (2)

« O louange de Dieu, Béatrix, » me dit-elle,
« Ne défendras-tu pas cet amant si fidèle
Qui se fit glorieux pour te sembler plus cher?

Vois-tu pas son angoisse? Es-tu sourde à ses plaintes?
Il lutte, il se débat en proie à mille craintes
Sur des flots plus troublés que la plus sombre mer. »

« Jamais homme au bonheur n'a couru plus rapide ;
Nul au monde pour fuir d'une main homicide
N'a volé comme moi, ces mots à peine ouïs.

De mon trône de joie ici je suis venue
Me fiant à ta voix éloquente et connue,
Ton honneur, et l'honneur de ceux qu'elle a ravis. »

Tandis qu'elle achevait ce récit plein de charmes,
Elle tournait sur moi des yeux brillants de larmes
Comme pour me prier de hâter mon départ.

3.

E venni a te così com' ella volse;
Dinanzi a quella fiera ti levai,
Che del bel monte il corto andar ti tolse.

Dunque che è? Perchè, perchè ristai?
Perchè tanta viltà nel core allette?
Perchè ardire e franchezza non hai,

Poscia che tai tre donne benedette
Curan di te nella corte del Cielo,
E 'l mio parlar tanto ben t' impromette?

Quale i fioretti dal notturno gielo
Chinati e chiusi, poi che 'l Sol gl' imbianca,
Si drizzan tutti aperti in loro stelo;

Tal mi fec' io di mia virtute stanca;
E tanto buono ardire al cor mi corse,
Ch' io cominciai, come persona franca:

O pietosa colei che mi soccorse,
E tu cortese, ch' ubbidisti tosto
Alle vere parole che ti porse!

Tu m' hai con desiderio il cor disposto
Sì al venir con le parole tue,
Ch' io son tornato nel primo proposto.

CHANT II.

Je suis venu docile à cette voix divine ;
Une louve fermait à tes pas la colline :
Elle n'est plus, j'en ai délivré ton regard.

Qu'est-ce donc? Et pourquoi demeurer immobile?
Et nourrir plus longtemps une crainte trop vile?
Pourquoi ne pas avoir le courage et l'ardeur,

Quand trois femmes, au ciel où chacune est bénie,
Ont souci de ton sort et protégent ta vie,
Et quand ma voix à moi te promet le bonheur? »

Sous le froid de la nuit comme une fleur se penche
Abattue et fermée, et, vienne l'aube blanche,
Se dresse sur sa tige et s'ouvre en souriant,

Ainsi je relevai le courage en mon âme ;
Je me sentis repris d'une vaillante flamme,
Et d'un ton résolu je dis en m'écriant :

« Toi qui m'as secouru, dans le ciel sois bénie !
Et toi-même par qui sa voix fut obéie,
Qui si vite exauças sa douce volonté !

Déjà par le pouvoir de ta parole aimée
D'une nouvelle ardeur mon âme est enflammée;
Je brûle d'accomplir le projet redouté.

Or va, ch' un sol volere è d'amendue:
Tu Duca, tu Signore, e tu Maestro.
Così gli dissi; e poichè mosso fue,

Entrai per lo cammino alto e silvestro.

Va, notre volonté désormais est la même :
Sois mon seigneur, mon guide et mon maître suprême. »
Je me tais ; — aussitôt il marche, et tous les deux

Nous entrons au chemin sauvage et tortueux.

NOTES DU CHANT II.

1. La lumière théologique élève l'homme au-dessus de tous les êtres de la création terrestre. Tel est le sens de cette invocation de Virgile à Béatrix.

2. Rachel, l'épouse de Jacob, est le symbole de la Contemplation. Sa place est naturellement marquée dans le ciel à côté de Béatrix, la Théologie.

ARGUMENT DU CHANT III.

Dante arrive avec Virgile à la porte de l'Enfer. Après en avoir lu l'inscription terrible, il entre. Dès les premiers pas, en quelque sorte dans les corridors de l'Enfer, dont les abîmes leur sont fermés comme le Ciel, il rencontre les âmes de ces hommes également incapables de bien et de mal, qui ont tenu leur existence neutre et lâche à l'écart de tous les partis, loin de tous les périls. Dans ce lieu de leur supplice, ils courent à la suite d'un étendard emporté dans un tourbillon. Des insectes les harcèlent, et des vers boivent à leurs pieds le sang qui coule des piqûres. — Dante arrive ensuite au bord de l'Achéron, où il trouve le nocher Caron et les âmes qui traversent le fleuve dans sa nacelle. Succombant à tant d'émotions, il tombe et s'endort.

CANTO TERZO

Per me si va nella città dolente :
Per me si va nell' eterno dolore :
Per me si va tra la perduta gente.

Giustizia mosse 'l mio alto Fattore :
Fecemi la divina Potestate,
La somma Sapienza, e 'l primo Amore.

Dinanzi a me non fur cose create,
Se non eterne, ed io eterna duro :
Lasciate ogni speranza, voi che 'ntrate.

Queste parole di colore oscuro
Vid' io scritte al sommo d' una porta ;
Perch' io : Maestro, il senso lor m' è duro.

CHANT TROISIÈME

« C'est par moi que l'on va dans la cité plaintive :
« Aux tourments éternels c'est par moi qu'on arrive :
« C'est par moi qu'on arrive à l'exécré séjour.

« La Justice divine a voulu ma naissance ;
« L'être me fut donné par la Toute-Puissance,
« La suprême sagesse et le premier Amour.

« Rien ne fut avant moi que choses éternelles,
« Moi-même à tout jamais je dois durer comme elles.
« Laissez toute espérance en entrant dans l'Enfer ! »

Au sommet d'une porte en sombres caractères
Je vis gravés ces mots chargés de noirs mystères :
« Maître, » fis-je, « le sens de ces mots est amer ! »

CANTO III.

Ed egli a me, come persona accorta:
Quì si convien lasciare ogni sospetto:
Ogni viltà convien che quì sia morta.

Noi sem venuti al luogo, ov' io t' ho detto,
Che vederai le genti dolorose,
Ch' hanno perduto 'l ben dello 'ntelletto.

E poichè la sua mano alla mia pose,
Con lieto volto, ond' io mi confortai,
Mi mise dentro alle secrete cose.

Quivi sospiri, pianti, e alti guai
  Risonavan per l' aere senza stelle,
Perch' io al cominciar ne lagrimai.

Diverse lingue, orribili favelle,
Parole di dolore, accenti d' ira,
Voci alte e fioche, e suon di man con elle

Facevano un tumulto, il qual s' aggira
Sempre 'n quell' aria senza tempo tinta,
Come la rena, quando il turbo spira.

Ed io ch' avea d' orror la testa cinta,
Dissi: Maestro, che è quèl ch' i' odo?
E che gent' è, che par nel duol sì vinta?

Mais lui d'une voix ferme : « Il n'est plus temps de craindre !
Tout lâche sentiment dans ton cœur doit s'éteindre ;
Il faut tuer ici le soupçon et la peur.

Voici les régions, celles que je t'ai dites,
Où doivent tes regards voir les races maudites
Qui de l'intelligence ont perdu le bonheur. »

A ces mots, il me prit par la main ; son visage
Avait un air de paix qui me rendit courage :
Avec lui dans l'abîme il me fit pénétrer.

Là, soupirs et sanglots, cris perçants et funèbres
Résonnaient au milieu de profondes ténèbres :
Dans mon saisissement je me mis à pleurer.

Idiomes divers, effroyable langage,
Paroles de douleur et hurlements de rage,
Voix stridentes et voix sourdes, mains se heurtant ;

Tout cela bruissait confusément dans l'ombre,
Éternel ouragan de cet air toujours sombre,
Comme un sable emporté par le vent haletant.

Et moi, les yeux couverts d'un bandeau de vertige :
« Qu'est-ce donc que j'entends, maître, et quel est, » dis-je,
« Le peuple qu'à ce point la douleur a vaincu ? »

Ed egli a me : questo misero modo
Tengon l' anime triste di coloro,
Che visser senza infamia, e senza lodo.

Mischiate sono a quel cattivo coro
Degli Angeli, che non furon ribelli,
Nè fur fedeli a Dio, ma per se foro.

Cacciarli i Ciel, per non esser men belli,
Nè lo profondo Inferno gli riceve,
Ch', alcuna gloria i rei avrebber d' elli.

Ed io : Maestro, che è tanto greve
A lor, che lamentar li fa sì forte?
Rispose : dicerolti molto breve.

Questi non hanno speranza di morte :
E la lor cieca vita è tanto bassa,
Che 'nvidiosi son d' ogni altra sorte.

Fama di loro il mondo esser non lassa :
Misericordia, e Giustizia gli sdegna.
Non ragioniam di lor, ma guarda, e passa.

Ed io, che riguardai, vidi un' insegna,
Che girando correva tanto ratta,
Che d' ogni posa mi pareva indegna :

Mon maître répondit : « Ces maux sont le partage,
Le misérable sort des âmes sans courage,
De ceux qui sans opprobre et sans gloire ont vécu.

Ils sont mêlés au chœur de ces indignes anges
Qui ne luttèrent pas, égoïstes phalanges,
Ni pour ni contre Dieu, mais qui furent pour eux.

Le ciel les a chassés de ses parvis sublimes,
Et le profond Enfer leur ferme ses abîmes,
Car près d'eux les maudits sembleraient glorieux. »

— « O maître, quel fardeau de maux insupportables
Les force de pousser des cris si lamentables ? »
— « Sache en deux mots, » dit-il, « que tous ces malheureux

D'une seconde mort ont perdu l'espérance ;
C'est leur abjection qui cause leur souffrance,
Et le sort le plus dur serait plus doux pour eux.

Dans le monde leur nom n'a pas laissé de trace ;
Trop bas pour la Justice et trop bas pour la Grâce !
Va, ne parlons plus d'eux, mais regarde, et passons. »

Et regardant, je vis un étendard livide
Courant comme indigné, tant sa course est rapide,
Et tournoyant dans l'air agité de frissons.

CANTO III.

E dietro le venia sì lunga tratta
Di gente, ch' io non avrei creduto,
Che Morte tanta n' avesse disfatta.

Poscia ch' io v' ebbi alcun riconosciuto,
Vidi e conobbi l' ombra di colui,
Che fece per viltate il gran rifiuto.

Incontanente intesi e certo fui,
Che quest' era la setta de' cattivi
A Dio spiacenti, ed a' nemici sui.

Questi sciaurati, che mai non fur vivi,
Erano ignudi, e stimolati molto
Da mosconi e da vespe ch' eran ivi.

Elle rigavan lor di sangue il volto,
Che mischiato di lagrime, a' lor piedi
Da fastidiosi vermi era ricolto.

E poi che a riguardar oltre mi diedi,
Vidi gente alla riva d' un gran fiume;
Perch' io dissi: Maestro, or mi concedi,

Ch' io sappia quali sono, e qual costume
Le fa parer di trapassar sì pronte,
Com' io discerno per lo fioco lume.

CHANT III.

Et derrière venaient les bandes malheureuses.
Et moi je m'étonnais, les voyant si nombreuses,
Que la Mort de ses mains en eût autant défait !

J'en reconnus plusieurs au milieu de la file.
Tout à coup dans les rangs j'aperçus l'ombre vile
De celui qu'un refus souilla plus qu'un forfait (1).

Je compris, et j'eus bien alors la certitude
Que j'avais sous les yeux la triste multitude
Qui doit déplaire à Dieu comme à ses ennemis.

Ces lâches, toujours morts, même pendant leur vie,
Étaient nus ; ils fuyaient, car sur leur chair flétrie
D'avides moucherons, des guêpes s'étaient mis.

Un sang pauvre coulait, et rayait leur visage,
Et tout mêlé de pleurs tombait, hideux breuvage,
A leurs pieds recueilli par des vers dégoûtants.

Je portai mes regards plus loin, et vis dans l'ombre,
Sur le bord d'un grand fleuve, une foule sans nombre.
« O maître, qu'est-ce encore que je vois, que j'entends ?

Quelle est cette cohorte accourant hors d'haleine,
Que dans l'obscurité mon œil distingue à peine,
Et qui la presse ainsi de gagner l'autre bord ? »

Ed egli a me: le cose ti fien conte
Quando noi fermerem li nostri passi
Su la trista riviera d'Acheronte.

Allor con gli occhi vergognosi e bassi,
Temendo no 'l mio dir gli fusse grave,
Infino al fiume di parlar mi trassi.

Ed ecco verso noi venir per nave
Un vecchio bianco per antico pelo
Gridando: guai a voi, anime prave!

Non isperate mai veder lo Cielo:
I' vegno per menarvi all' altra riva
Nelle tenebre eterne in caldo e 'n gielo:

E tu, che se' costì, anima viva
Partiti da cotesti che son morti:
Ma poi ch' e' vide ch' io non mi partiva,

Disse: per altre vie, per altri porti
Verrai a piaggia, non qui, per passare:
Più lieve legno convien che ti porti.

E 'l Duca a lui: Caron, non ti cruciare:
Vuolsi così colà dove si puote
Ciò che si vuole; e più non dimandare:

— « Tu sauras tout cela ; mais laisse-toi conduire , »
Me dit-il ; « je prendrai le soin de t'en instruire
Quand nous arriverons au fleuve de la mort (2). »

Je rougis craignant d'être importun au poëte ;
Et, les regards baissés et la lèvre muette,
J'attendis d'arriver au fleuve des enfers.

Dans cet instant, parut monté sur une barque
Un vieillard dont le front des ans portait la marque.
Il s'écriait : « Malheur à vous, esprits pervers !

N'espérez jamais voir le ciel, car je vous mène
Dans la nuit éternelle, à la rive inhumaine,
Dans l'abîme toujours ou brûlant ou glacé.

Et toi qui viens ici dans ces lieux d'épouvante,
Va-t'en, éloigne-toi des morts, âme vivante ! »
Voyant que d'obéir j'étais mal empressé :

« Tu veux, » ajouta-t-il, « toucher la sombre plage ?
Prends un autre chemin qui te mène au rivage ;
Il te faut un esquif plus léger que le mien.

« Caron, ne t'émeus pas, » lui répondit mon guide.
« On l'a voulu là-haut, et quand le ciel décide,
Le ciel peut ce qu'il veut. Ainsi n'ajoute rien. »

Quinci fur quete le lanose gote
Al nocchier della livida palude,
Che 'ntorno agli occhi avea di fiamme ruote.

Ma quell' anime, ch' eran lasse e nude,
Cangiàr colore, e dibattero i denti,
Ratto che inteser le parole crude.

Bestemmiavano Iddio e i lor parenti,
L' umana specie, il luogo, il tempo e 'l seme
Di lor semenza, e di lor nascimenti.

Poi si ritrasser tutte quante insieme,
Forte piangendo, alla riva malvagia,
Ch' attende ciascun uom che Dio non teme.

Caron dimonio con occhi di bragia
Loro accennando, tutte le raccoglie:
Batte col remo qualunque s' adagia.

Come d' autunno si levan le foglie,
L' una appresso dell' altra, infin ch 'l ramo
Rende alla terra tutte le sue spoglie;

Similemente il mal seme d' Adamo:
Gittansi di quel lito ad una ad una
Per cenni, com' augel per suo richiamo.

Du nocher à ces mots la fureur fut calmée,
La rage s'éteignit sur sa joue enflammée
Et dans ses yeux bordés de deux cercles ardents.

Mais ces morts dépouillés que la fatigue accable,
Entendant de Caron la voix impitoyable,
De changer de couleur et de grincer des dents.

Ils blasphémaient le ciel, ils maudissaient la terre,
Le jour qui les vit naître et le sein de leur mère,
Leurs pays, leurs parents, leurs fils, tout l'univers;

Puis, remplissant les airs d'une clameur plaintive,
Ensemble se portaient sur la funeste rive,
Sur la rive maudite où vont tous les pervers.

Caron, avec des yeux que la colère enflamme,
Les pressait tour à tour et frappait de sa rame
Tous ceux qui paraissaient tarder trop à partir.

Comme, l'une après l'autre, au déclin de l'automne,
Les feuilles des rameaux tombent, pâle couronne,
Et retournent au sol qui va les engloutir;

Tels je voyais d'Adam les enfants sacriléges,
Ces oiseaux que Caron appelait dans ses piéges,
Un par un se jeter au vaisseau de la mort.

Così sen vanno su per l'onda bruna;
Ed avanti che sien di là discese,
Anche di quà nuova schiera s'aduna.

Figliuol mio, disse il Maestro cortese,
Quelli che muoion nell'ira di Dio,
Tutti convegnon qui d'ogni paese;

E pronti sono al trapassar del rio,
Chè la divina Giustizia gli sprona,
Sì che la tema si volge in disio.

Quinci non passa mai anima buona:
E però se Caron di te si lagna,
Ben puoi saper omai chè 'l suo dir suona.

Finito questo, la buia campagna
Tremò sì forte, che dello spavento
La mente si sudore ancor mi bagna.

La terra lagrimosa diede vento,
Che balenò una luce vermiglia,
La qual mi vinse ciascun sentimento;

E caddi, come l'uom, cui sonno piglia.

CHANT III.

Ils franchissaient alors le ténébreux passage ;
Mais à peine ils s'étaient éloignés du rivage,
Qu'une foule nouvelle attendait sur le bord.

« O mon fils, c'est ici, » me dit mon noble maître,
« Que viennent, quel que soit le lieu qui les vit naître,
Tous les coupables morts dans le courroux de Dieu.

Ils se hâtent d'aller par ce fleuve au supplice,
Pressés par l'éperon de la grande Justice
Qui change leur terreur en un désir de feu.

Jamais âme innocente en ces lieux ne s'embarque ;
Voilà pourquoi Caron te chassait de sa barque :
Tu comprends maintenant d'où venait sa fureur. »

Comme il disait ces mots, la lugubre vallée
D'un formidable choc est soudain ébranlée.
Souvenir qui me baigne encore de sueur !

Sur la terre des pleurs, déchaînant sa colère,
S'élève un vent terrible et que la foudre éclaire.
Et devant tant d'horreurs forcé de succomber,

Comme pris de sommeil, je me laissai tomber.

NOTES DU CHANT III.

1. Suivant beaucoup de commentateurs il s'agit dans ce vers de Célestin V, qui se démit de la papauté ; suivant d'autres, de Dioclétien qui abdiqua l'empire ; quelques-uns prétendent qu'il s'agit d'Ésaü, qui céda son droit d'aînesse. D'après Lombardini, dont l'opinion me semble plus plausible, le poëte fait allusion à un sien concitoyen et contemporain, Torregiano de Cerchi, qui aurait refusé de se mettre à la tête des Florentins. Mais qu'importe? C'est, en tout cas, un lâche qui a reculé devant un grand devoir. Le reste est une matière pour les érudits.

2. L'Achéron.

ARGUMENT DU CHANT IV.

Dante descend avec Virgile dans le premier cercle de l'Enfer, où sont les Limbes. Là sont renfermés sans autre tourment qu'une sourde langueur, qu'un désir de bonheur sans espérance, les âmes de tous ceux qui n'ont pas reçu le baptême. C'est le séjour habité par Virgile. Les ombres des grands poëtes profanes viennent à sa rencontre. Dante partage les honneurs qu'on rend à son maître, et, mêlé à cette glorieuse troupe, il est conduit dans une enceinte particulière du Limbe où sont rassemblées à part les ombres des grands hommes. Il les contemple avec admiration. Virgile l'entraîne hors du Limbe.

CANTO QUARTO

Ruppemi l' alto sonno nella testa
Un greve tuono, sì ch' io mi riscossi,
Come persona che per forza è desta:

E l' occhio riposato intorno mossi,
Dritto levato, e fiso riguardai,
Per conoscer lo loco dov' io fossi.

Vero è che 'n su la proda mi trovai
Della valle d'abisso dolorosa,
Che tuono accoglie d' infiniti guai.

Oscura, profond' era e nebulosa.
Tanto, che per ficcar lo viso al fondo,
Io non vi discernea veruna cosa.

CHANT QUATRIÈME

Un bruit qui ressemblait au fracas du tonnerre
Rompit mon lourd sommeil et rouvrit ma paupière ;
Tout mon corps tressaillit à ce réveil soudain.

D'un bond, comme en sursaut, je me levai de terre,
Et cherchant de la nuit à sonder le mystère,
Mon œil de tous côtés se fixait incertain.

Je touchais à l'abime où les ombres punies
Font tonner les échos de clameurs infinies.
J'étais au bord du gouffre : il était si profond,

Si chargé de vapeurs et d'épaisses ténèbres,
Que mes regards plongés dans ses cercles funèbres
S'y perdaient sans pouvoir en distinguer le fond.

Or discendiam quaggiù nel cieco mondo,
Incominciò 'l Poeta tutto smorto :
Io sarò primo, e tu sarai secondo.

Ed io, che del color mi fui accorto,
Dissi : come verrò, se tu paventi,
Che suoli al mio dubbiare esser conforto?

Ed egli a me : l' angoscia delle genti,
Che son quaggiù, nel viso mi dipinge
Quella pietà, che tu per tema senti.

Andiam, chè la via lunga ne sospinge.
Così si mise, e così mi fe' intrare
Nel primo cerchio che l' abisso cinge.

Quivi, secondo che per ascoltare,
Non avea pianto, ma che di sospiri,
Che l' aura eterna facevan tremare.

E ciò avvenia di duol senza martiri,
Ch' avean le turbe, ch' eran molte e grandi,
E d' infanti, e di femmine, e di viri.

Lo buon Maestro a me : tu non dimandi
Che spiriti son questi che tu vedi?
Or vo' che sappi, innanzi che più andi,

CHANT IV.

Le poëte vers moi tourna son front plus pâle :
« Descendons maintenant dans la nuit infernale, »
Dit-il, « moi le premier, et toi derrière moi. »

J'avais vu la pâleur qui couvrait son visage ;
Je répondis : « Comment aurais-je ce courage ?
Toi-même, mon soutien, tu cèdes à l'effroi. »

— « Les angoisses, de ceux qui sont là, dans ce gouffre,
Ont jeté sur mon front cette ombre ; mon cœur souffre,
Ce n'est pas de l'effroi, c'est la pitié des maux.

Allons, la route est longue ! » A ces mots, il s'avance ;
Je marchai sur ses pas, et, sans plus d'hésitance,
J'entrai dans le premier des cercles infernaux.

Là des sons étouffés, rumeur faible et plaintive
Émurent tout d'abord mon oreille attentive.
L'air éternel semblait en frémir et vibrer ;

Vague bruissement de la foule des âmes ;
Car ici, par milliers, enfants, hommes et femmes,
Malheureux sans tourment, soupiraient sans pleurer.

« Eh bien, pourquoi ne pas demander à connaître
Quels sont ces esprits-là que tu vois, » dit mon maître ?
« Or donc, avant d'aller plus loin, écoute-moi :

Ch' ei non peccaro; e s' egli hanno mercedi,
Mon basta, perch' e' non ebber battesmo.
Ch' è porta della Fede che tu credi;

E se furon dinanzi al Cristianesmo,
Non adorar debitamente Iddio :
E di questi cotai son io medesmo.

Per tai difetti, e nòn per altro rio,
Semo perduti, e di tanto offesi,
Che senza speme vivemo in disio.

Gran duol mi prese al cor, quando lo 'ntesi,
Perocchè gente di molto valore
Conobbi che 'n quel Limbo eran sospesi.

Dimmi, Maestro mio, dimmi, Signore,
Comincia' io per voler esser certo
Di quella Fede che vince ogni errore :

Uscinne mai alcuno o per suo merto,
O per altrui, che poi fosse beato?
E quei, che 'ntese l' mio parlar coverto;

Rispose : io era nuovo in questo stato,
Quando ci vidi venire un Possente
Con segno di vittoria incoronato.

Ils sont là sans péché, courbés sous l'anathème
Pour n'avoir pas reçu les eaux du saint baptême,
Pour n'avoir pas franchi les portes de la Foi.

Beaucoup sont morts avant le Christ; le divin Maître
Ne fut pas adoré par eux comme il doit l'être.
Je suis un de ceux-là, j'eus le même malheur.

Et c'est pour expier ce péché d'ignorance
Que nous sommes perdus, et pour toute souffrance
Nous vivons sans espoir, altérés de bonheur. »

Grande douleur me prit au cœur à ce langage,
Car j'avais reconnu des hommes de courage
Et plus d'un noble esprit que l'arrêt dut frapper.

« Dis-moi, maître, dis-moi, Seigneur, » lui demandai-je,
Curieux d'éclaircir un doute sacrilége
Sur cette Foi pourtant qui ne peut nous tromper;

« Jamais par ses vertus ou par quelque puissance
Nul n'est sorti d'ici pour goûter l'espérance? »
Et lui, qui comprenait mon parler détourné :

« J'étais nouveau-venu dans ce Limbe où je reste;
Un Puissant y parut dans sa gloire céleste;
Du sceau de la victoire il était couronné (1).

Trasseci l' ombra del Primo Parente,
D' Abel suo figlio, e quella di Noè,
Di Moïsè legista : ed ubbidiente,

Abraam Patriarca, e David Re,
Israele col Padre, e co' suoi nati,
E con Rachele, per cui tanto fe' :

Ed altri molti, e feceli beati :
E vo' che sappi, che dinanzi ad essi
Spiriti umani non eran salvati.

Non lasciavam l' andar, perch' ei dicessi,
Ma passavam la selva tuttavia,
La selva dico di spiriti spessi.

Non era lungi ancor la nostra via
Di qua dal sommo, quand' io vidi un foco,
Ch' emisperio di tenebre vincia.

Di lungi v'eravamo ancora un poco,
Ma non sì, ch' io non discernessi in parte,
Ch' orrevol gente possedea quel loco :

O tu, ch' onori ogni scienza ed arte,
Questi chi son, ch' hanno cotanta orranza,
Che dal modo degli altri gli diparte?

Il arracha d'ici l'ombre du premier père,
Celle du doux Abel et d'Ève notre mère
Noé sauvé des eaux et David le saint roi ;

Le grand législateur du peuple juif, Moïse,
Le pieux Abraham et sa race promise,
Isaac et Rachel tendre objet de sa foi.

Et bien d'autres par lui ravis à cette enceinte,
Montèrent bienheureux vers la région sainte.
Ce furent les premiers sauvés par son secours. »

Ainsi parlait Virgile, et dans les sentiers sombres,
Dans l'épaisse forêt, dans cette forêt d'ombres,
Tandis qu'il me parlait nous avancions toujours.

Nous n'étions pas encore éloignés de l'entrée
Lorsque je vis de loin briller dans la contrée
Un feu qui de l'orbite éclairait la moitié.

Et comme j'avançais dans l'enceinte maudite,
J'entrevoyais déjà que des ombres d'élite
Habitaient ce séjour moins digne de pitié :

— « Flambeau de tous les arts, ces esprits, « demandai-je,
« Quels sont-ils ? D'où leur vient, dis-moi, ce privilége
De vivre comme à part, au milieu des proscrits ? »

E quegli a me: l' onrata nominanza,
Che di lor suona su nella tua vita,
Grazia acquista nel Ciel, che sì gli avanza.

Intanto voce fu per me udita:
Onorate l' altissimo Poeta:
L' ombra sua torna, ch' era dispartita.

Poichè la voce fu restata e queta,
Vidi quattro grand' ombre a noi venire:
Sembianza avevan nè trista, nè lieta.

Lo buon Maestro cominciommi a dire:
Mira colui con quella spada in mano,
Che vien dinanzi a' tre, sì come Sire.

Quegli è Omero poeta sovrano:
L' altro è Orazio satiro, che viene,
Ovidio è 'l terzo, e l' ultimo è Lucano.

Perocchè ciascun meco si conviene
Nel nome, che sonò la voce sola,
Fannomi onore, e di ciò fanno bene.

Così vidi adunar la bella scuola
Di quel Signor dell' altissimo canto,
Che sovra gli altri, com' aquila, vola.

Il répondit : « Leur nom que le monde révère,
Leur gloire qui là-haut résonne sur la terre
De la bonté du ciel ont mérité ce prix. »

A ces mots, une voix retentit dans l'abîme :
« Honneur, rendez honneur au poëte sublime ;
Il nous avait quittés, il revient parmi nous. »

La voix se tut ; je vis, au-devant de Virgile
Quatre ombres arriver d'un pas lent et tranquille ;
Sans joie et sans tristesse, ils allaient, le front doux.

« Vois-les venir, » me dit mon bon maître, « et remarque
Celui qui le premier marche comme un monarque
Et paraît en avant une épée à la main.

C'est le poëte-roi, c'est le divin Homère,
Après lui vient Horace à l'éloquence amère,
Le troisième est Ovide, et le dernier, Lucain.

Tous ils ont mérité ce nom de grand poëte
Dont leur voix tout à l'heure a couronné ma tête ;
Ils me rendent honneur, et j'en suis glorieux. »

Alors se réunit cette brillante école
Entourant le poëte à la grande parole
Qui plana sur eux tous, aigle majestueux.

Da ch' ebber ragionato insieme alquanto,
Volsersi a me con salutevol cenno :
E 'l mio Maestro sorrise di tanto :

E più d' onore ancora assai mi fenno,
Ch' essi mi fecer della loro schiera,
Sì ch' io fui sesto tra cotanto senno.

Così n' andammo infino alla lumiera,
Parlando cose, che 'l tacere è bello,
Sì com' era 'l parlar colà dov' era.

Venimmo al piè d' un nobile castello,
Sette volte cerchiato d' alte mura,
Difeso, intorno d' un bel fiumicello.

Questo passammo come terra dura :
Per sette porte intrai con questi Savi :
Giugnemmo in prato di fresca verdura.

Genti v' eran con occhi tardi e gravi,
Di grande autorità ne' lor sembianti :
Parlavan rado con voci soavi.

Traemmoci così dall' un de' canti
In luogo aperto, luminoso ed alto,
Sì che veder si potean tutti quanti.

Après s'être parlé quelque temps à voix basse,
Ils me firent tous quatre un salut plein de grâce ;
Et Virgile sourit en voyant cet accueil.

Dans leur docte cénacle, honneur bien plus insigne,
Ils voulurent m'admettre ; ainsi, le plus indigne,
Je marchai le sixième et le cœur plein d'orgueil.

Nous causions cheminant vers la région claire ;
C'était un entretien où j'ai dû me complaire,
Mais de le répéter je sens que j'aurais tort.

Tout à coup apparut à ma vue étonnée
Une enceinte de murs sept fois environnée.
Un joli petit fleuve en défendait l'abord (2).

Nous passâmes le fleuve à sec, et dans l'enceinte
Avec mes compagnons je pénétrai sans crainte.
Nous vînmes en un pré d'un vert et frais aspect.

Il était tout peuplé d'ombres majestueuses ;
Leurs regards sérieux, leurs voix harmonieuses,
Leur parler contenu, commandaient le respect.

Nous montâmes ensemble une cime éclairée,
Et de cette hauteur dominant la contrée,
J'embrassai d'un coup d'œil la foule des esprits.

Colà diritto sopra l' verde smalto
Mi fur mostrati gli spiriti magni,
Che di vederli in me stesso n' esalto.

Io vidi Elettra con molti compagni,
Tra' quai conobbi ed Ettore, ed Enea,
Cesare armato con gli occhi grifagni

Vidi Cammilla, e la Pentesilea
Dall' altra parte, e vidi 'l Re Latino,
Che con Lavinia sua figlia sedea.

Vidi quel Bruto, che cacciò Tarquino;
Lucrezia, Iulia, Marzia e Corniglia,
E solo in parte vidi 'l Saladino.

Poichè innalzai un poco più le ciglia,
Vidi 'l Maestro di color che sanno,
Seder tra filosofica famiglia.

Tutti lo miran, tutti onor gli fanno.
Quivi vid' io e Socrate, e Platone,
Che 'nnanzi gli altri più presso gli stanno,

Democrito, che 'l mondo a caso pone,
Diogenes, Anassagora, e Tale,
Empedocles, Eraclito e Zenone,

Je vis ces grands mortels que l'univers honore;
De cette vision mon cœur tressaille encore!
Ils erraient exilés parmi ces champs fleuris.

J'aperçus de héros Électre environnée (3);
Je reconnus Hector; je reconnus Énée,
César encore armé de ses regards perçants.

Ici Penthésilée, et la vierge Camille;
Ailleurs, je reconnus assis avec sa fille
Le bon roi Latinus courbé sous ses vieux ans.

Et Brutus qui chassa le fier Tarquin, Julie,
La noble Marcia, Lucrèce, Cornélie;
A l'écart, Saladin le soudan glorieux.

Aristote plus loin à mes yeux se présente,
Et des sages fameux la famille imposante
Rangés autour de lui comme des fils pieux.

Avec ravissement je voyais tous ces sages
Près de lui se pressant et l'entourant d'hommages.
A ses côtés Socrate et le divin Platon,

Celui qui fit du monde un hasard, Démocrite,
L'austère Diogène et le sombre Héraclite,
Thalès, Anaxagore, Empédocle, Zénon;

E vidi 'l buono accoglitor del quale,
Dioscoride dico; e vidi Orfeo,
Tullio, e Livio, e Seneca morale,

Euclide geometra, e Tolommeo,
Ippocrate, Avicenna, e Galieno,
Averrois che 'l gran comento feo.

Io non posso ritrar di tutti appieno,
Perocchè sì mi caccia 'l lungo tema,
Che molte volte al fatto il dir vien meno.

La sesta compagnia in duo si scema:
Per altra via mi mena 'l savio Duca
Fuor della queta nell' aura, che trema:

E vengo in parte, ove non è che luca.

Et ce naturaliste illustre, Dioscoride,
Orphée et Cicéron, le géomètre Euclide,
Et Sénèque le sage, et Live l'historien ;

Le docte Égyptien qui décrivit la Terre,
Averroès l'auteur du vaste Commentaire,
Hippocrate de Cos, Avicenne, Galien !

Mais je ne puis citer tous ces grands noms que j'aime,
Le temps presse ; je tiens le fil d'un long poëme,
Et dirai toujours moins que la réalité.

Bientôt nos compagnons nous quittèrent ; Virgile
Me fit abandonner ce champ pur et tranquille
Pour me conduire encor dans un air agité,

Et je vins en des lieux morts à toute clarté.

NOTES DU CHANT IV.

1. Jésus-Christ descendit dans les Limbes après sa mort.

2. Cette enceinte fortifiée figure la réputation immortelle des grands génies. Les sept murailles signifient les sept vertus, la Justice, la Force, la Tempérance, la Prudence, l'Intelligence, la Sagesse et la Science. Le ruisseau signifierait l'Éloquence. (Moutonnet de Clairfon).

3. Électre, mère de Dardanus, d'où est sorti Énée, le fondateur de l'empire romain.

ARGUMENT DU CHANT V.

Au seuil du second cercle, Dante trouve Minos qui juge toutes les âmes coupables. Il entre dans le cercle où sont punis les voluptueux. Ils sont emportés dans un éternel ouragan. Dante reconnaît Françoise de Rimini ; elle lui raconte son histoire. A ce récit, Dante, sous l'empire d'une émotion trop forte, tombe comme inanimé.

CANTO QUINTO

Così discesi del cerchio primaio
Giù nel secondo, che men luogo cinghia,
E tanto più dolor, che pugne a guaio.

Stavvi Minos orribilmente, e ringhia:
Esamina le colpe nell' entrata:
Giudica, e manda, secondo ch' avvinghia.

Dico, che quando l' anima mal nata
Gli vien dinanzi, tutta si confessa:
E quel conoscitor delle peccata

Vede qual luogo d' Inferno è da essa:
Cignesi con la coda tante volte,
Quantunque gradi vuol che giù sia messa.

CHANT CINQUIÈME

Dans le deuxième cercle ainsi nous pénétrâmes ;
Il enserre un enfer plus étroit, où les âmes
Dans les pleurs et les cris souffrent plus dur tourment.

Le farouche Minos grince au seuil de cet antre ;
Par lui chaque pécheur jugé sitôt qu'il entre
Aux replis de sa queue a vu son châtiment.

A peine devant lui l'ombre infâme est venue,
Elle montre au démon son âme toute nue ;
Et lui, ce grand expert de nos péchés mortels,

Voit quel gouffre d'enfer est digne de l'impie,
Et sur ses flancs sa queue en cercles arrondie
Mesure au condamné les cercles éternels.

Sempre dinanzi a lui ne stanno molte:
Vanno a vicenda ciascuna al giudizio:
Dicono, e odono, e poi son giù volte.

O tu, che vieni al doloroso ospizio,
Disse Minos a me, quando mi vide,
Lasciando l'atto di cotanto ufizio,

Guarda com'entri, e di cui tu ti fide:
Non t'inganni l'ampiezza dell'entrare.
E 'l Duca mio a lui: Perchè pur gride?

Non impedir lo suo fatale andare:
Vuolsi così colà, dove si puote
Ciò che si vuole, e più non dimandare.

Ora incomincian le dolenti note
A farmisi sentire: or son venuto
Là, dove molto pianto mi percuote.

Io venni in luogo d'ogni luce muto,
Che mugghia, come fa mar per tempesta,
Se da contrarj venti è combattuto.

La bufera infernal, che mai non resta,
Mena gli spiriti con la sua rapina;
Voltando, e percotendo gli molesta.

La foule devant lui toujours se renouvelle ;
Approchant tour à tour, chaque âme criminelle
Parle, entend son arrêt, puis tombe et disparaît.

— « O toi qui viens ici dans le funeste asile, »
Dit Minos, me voyant entrer avec Virgile,
Et comme interrompant son office à regret ;

« Regarde bien à qui ton âme s'est livrée,
Et ne t'assure pas sur cette large entrée ! »
— « Vainement par tes cris tu veux nous arrêter ;

Nous suivons un chemin prescrit, » répond mon guide ;
« On l'a voulu là-haut ; et quand le ciel décide,
Le ciel peut ce qu'il veut. Cesse de t'agiter. »

Dans cet instant j'ouïs des accents lamentables.
Nous étions arrivés dans les lieux redoutables ;
Déjà j'étais frappé par le bruit des sanglots.

Lieux d'obscurité morne, enceinte mugissante !
C'était comme une mer levée et frémissante
Quand des vents ennemis combattent sur ses flots.

Le souffle impétueux de l'éternel orage
Emportait les esprits comme au gré de sa rage,
Les faisant tournoyer avec ses tourbillons.

CANTO V.

Quando giungon davanti alla ruina,
Quivi le strida, il compianto, e 'l lamento;
Bestemmian quivi la virtù divina.

Intesi ch' a così fatto tormento
Eran dannati i peccator carnali,
Che la ragion sommettono al talento.

E come gli stornei ne portan l' ali
Nel fredddo tempo a schiera larga e piena;
Così quel fiato gli spiriti mali

Di quà, di là, di giù, di sù gli mena;
Nulla speranza gli conforta mai,
Non che di posa, ma di minor pena.

E come i gru van cantando lor lai,
Facendo in aer di sè lunga riga,
Così vid' io venir, traendo guai,

Ombre portate dalla detta briga;
Perch' io dissi: Maestro, chi son quelle
Genti, che l' aer nero sì gastiga?

La prima di color, di cui novelle
Tu vuo' saper, mi disse quegli allotta,
Fu Imperatrice di molte favelle.

CHANT V.

S'ils venaient à toucher les parois de l'enceinte,
C'étaient des cris perçants de douleur ou de crainte,
Des blasphèmes au ciel, des imprécations.

J'appris que ce tourment était fait pour les âmes
Esclaves de la chair et des impures flammes,
Qui firent le devoir au caprice plier.

Comme on voit en hiver une bande serrée
De frêles étourneaux dans les airs égarée,
Tels ces pauvres esprits, d'un vol irrégulier,

Allaient, de ci, de là, promenés par l'orage.
Jamais aucun espoir pour reprendre courage;
Nul repos, à leurs maux nul adoucissement.

Et tel des alcyons sillonnant les ténèbres
Volent en longue file avec des cris funèbres,
Tels j'en vis arriver gémissant sourdement,

Semblant de l'ouragan le jouet misérable.
— « Maître, fis-je, quelle est cette race coupable
Que fouette sans pitié le vent noir des enfers? »

— « Cette ombre devant toi que tu vois la première, »
Me répondit le maître, « est une reine altière
Qui jadis commandait à des peuples divers.

A vizio di lussuria fu sì rotta,
Che libito fe' licito in sua legge,
Per torre il biasmo, in che era condotta.

Ell' è Semiramis, di cui si legge,
Che seno dette a Nino, e fu sua sposa:
Tenne la terra che 'l Soldan corregge.

L'altra è colei che s'ancise amorosa,
E ruppe fede al cener di Sicheo:
Poi è Cleopatras lussuriosa.

Elena vidi, per cui tanto reo
Tempo si volse; e vidi 'l grande Achille,
Che con Amore al fine combatteo.

Vidi Paris, Tristano; e più di mille
Ombre mostrommi, e nominolle, a dito,
Ch' Amor di nostra vita dipartille.

Poscia ch'. io ebbi il mio Dottore udito
Nomar le donne antiche, e i cavalieri,
Pietà mi vinse, e fui quasi smarrito.

I' cominciai: Poeta, volentieri
Parlerei a que' duo, che 'nsieme vanno,
E paion sì al vento esser leggieri.

CHANT V.

La luxure effrénée a dévoré sa vie ;
Elle crut échapper à son ignominie
En mettant dans sa loi : le plaisir est permis.

C'est la Sémiramis qui, dit-on, chose infâme !
Avait nourri Ninus et qui devint sa femme
Aux lieux que le Soudan à ses lois tient soumis.

L'autre est cette Didon d'un fol amour touchée
Qui mourut infidèle aux cendres de Sichée ;
Après vient Cléopâtre au cœur luxurieux. »

Après elle, je vis Hélène dont les charmes
Ont amené dix ans de forfaits et de larmes,
Achille aussi vaincu par l'amour furieux.

Je vis Pâris, Tristan (1), bien d'autres, et Virgile
Me les montrait du doigt en les nommant par mille,
Tous par les feux d'amour avant l'âge expirés.

Lorsque j'eus entendu mon maître en son langage
Me nommer ces héros, ces dames du vieil âge,
La pitié confondit mes sens comme égarés.

— « Poëte, j'aimerais adresser la parole
A ces deux ombres-là, couple enlacé qui vole
Et qui semble flotter si léger sous le vent. »

7.

Ed egli a me : vedrai quando saranno
Più presso a noi ; e tu allor gli prega
Per quell' amor, che i mena ; e quei verranno.

Sì tosto, come 'l vento a noi gli piega,
Muovo la voce : o anime affannate,
Venite a noi parlar, s' altri nol niega.

Quali colombe, dal disio chiamate,
Con l' ali aperte e ferme al dolce nido
Volan per l' aer dal voler portate ;

Cotali uscir della schiera ov' è Dido,
Venendo a noi per l'aere maligno,
Sì forte fù l' affettuoso grido.

O animal grazioso e benigno,
Che visitando vai per l' aer perso
Noi, che tignemmo 'l mondo di sanguigno,

Se fosse amico il Re dell' universo,
Noi pregheremmo lui per la tua pace,
Da c' hai pietà del nostro mal perverso.

Di quel ; ch' udire, e che parlar vi piace
Noi udiremo, e parleremo a vui,
Mentre che 'l vento, come fa, si tace.

« Attends, » répondit-il, « qu'elles soient rapprochées ;
Alors, par cet amour qui les tient attachées,
Tu les conjureras de venir un moment. »

Dès que vers nous le vent les eut comme inclinées,
Je m'écriai : « Venez, ombres infortunées,
Si rien ne le défend, oh, venez nous parler ! »

Comme on voit deux ramiers, l'aile ouverte, affermie,
Planer vers le doux nid où l'amour les convie
Et portés par l'essor tout d'un trait y voler,

Ainsi les deux esprits, quittant les rangs funèbres,
De venir droit à nous à travers les ténèbres,
Si touchant fut mon cri, tant mon appel pressant.

— « O toi, » dit l'un, « aimable et bonne créature,
Qui viens nous visiter dans la contrée obscure,
Quand le monde est encor rouge de notre sang !

Si le Roi tout-puissant nous était plus propice,
Nous lui demanderions pour toi qu'il te bénisse,
Puisque ton cœur s'émeut au séjour malfaisant.

Tout ce qu'il vous plaira de dire ou bien d'entendre
Nous pourrons l'écouter, nous pourrons vous l'apprendre
Pendant que l'ouragan se tait comme à présent.

Siede la Terra, dove nata fui,
Su la marina, dove 'l Po discende
Per aver pace co' seguaci sui.

Amor, che al cor gentil ratto s' apprende,
Prese costui della bella persona
Che mi fu tolta, e 'l modo ancor m' offende.

Amor, che a nullo amato amar perdona,
Mi prese del costui piacer si forte,
Che, come vedi, ancor non m'abbandona.

Amor condusse noi ad una morte:
Caina attende chi vita ci spense.
Queste parole da lor ci fur porte.

Da ch' io 'ntesi quell' anime offense,
Chinai 'l viso, e tanto 'l tenni basso,
Fin che 'l Poeta mi disse: che pense?

Quando risposi, cominciai: oh lasso!
Quanti dolci pensier, quanto disio
Menò costoro al doloroso passo!

Poi mi rivolsi a loro, e parlai io,
E cominciai: Francesca, i tuoi martiri
A lagrimar mi fanno tristo, e pio.

CHANT V.

La terre où je naquis de la mer est voisine (2),
De la mer azurée où le Pô s'achemine
Et va se reposer avec ses affluents.

Amour dont un cœur noble a peine à se défendre
Fit chérir mes attraits, aujourd'hui vaine cendre.
Le coup qui les ravit saigne encore à mes flancs !

Amour qui nous contraint d'aimer quand on nous aime,
De son bonheur à lui si fort m'éprit moi même
Que cette ardeur toujours me brûle, tu le vois.

Amour à tous les deux nous a coûté la vie ;
Mais la Caïne (3) attend celui qui l'a ravie. »
L'air nous porta ces mots de la plaintive voix.

Entendant ces douleurs, moi je penchai la tête,
Tenant les yeux baissés, quand enfin le poëte :
« Or à quoi penses-tu ? Pourquoi baisser les yeux ? »

Lorsque je pus répondre : « Oh las, âmes blessées !
Que de brûlants désirs, quelles douces pensées
Ont dû les entraîner au terme douloureux ! »

Puis vers eux me tournant : « Françoise, infortunée ! »
M'écriai-je, « mon cœur a plaint ta destinée ;
Le récit de tes maux me rend triste à pleurer.

Ma dimmi : al tempo de' dolci sospiri,
A che, e come concedette Amore,
Che conosceste i dubbiosi desiri?

Ed ella a me : nessun maggior dolore,
Che ricordarsi del tempo felice
Nella miseria, e ciò sa 'l tuo dottore.

Ma se a conoscer la prima radice
Del nostro amor tu hai cotanto affetto,
Farò come colui, che piange, e dice.

Noi leggevamo un giorno per diletto
Di Lancilotto, come Amor lo strinse :
Soli eravamo, e senza alcun sospetto.

Per più fiate gli occhi ci sospinse
Quella lettura, e scolorocci 'l viso :
Ma solo un punto fu quel che ci vinse.

Quando leggemmo, il disiato riso
Esser bacciato da cotanto amante,
Questi, che mai da me non fia diviso,

La bocca mi bacciò tutto tremante.
Galeotto fu il libro, e chi lo scrisse :
Quel giorno più non vi leggemmo avante.

Mais dis-moi, dans le temps des doux soupirs, pauvre âme !
Comment connûtes-vous votre secrète flamme,
Ces désirs qui d'abord se laissent ignorer ? »

— « Tu peux le demander à ton maître, » dit-elle,
« Si c'est une souffrance entre toutes cruelle
Qu'un souvenir de joie au milieu des douleurs ;

Mais puisque tu parais si désireux d'entendre
Comment dans notre cœur fleurit cet amour tendre,
Je parlerai pour toi, laissant couler mes pleurs.

Ensemble nous lisions l'histoire enchanteresse
De Lancelot qu'Amour brûla pour sa maîtresse.
Nous étions seuls alors, innocents et sans peur.

Maintes fois en lisant nos yeux se rencontraient,
Et nos fronts rapprochés de rougeur se couvraient ;
Mais un moment suprême a vaincu notre cœur.

Quand nous lûmes la page où l'amant de Ginèvre
Couvre enfin le sourire adoré sur sa lèvre,
Celui qu'on ne peut plus me ravir, cher amant !

Baise aussi tout tremblant ma bouche que je livre.
Ce fut un Galléhaut (4) qui nous perdit, ce livre !
Et nous ne lûmes pas ce jour-là plus avant. »

Mentre che l' uno spirto questo disse,
L' altro piangeva sì, che di pietade
Io venni men così com' io morisse,

E caddi, come corpo morto cade.

Ainsi l'ombre parlait; l'autre avec violence
Pleurait en l'écoutant et gardait le silence.
Et moi je me sentis mourir de son transport,

Et tombai sur le sol comme frappé de mort.

NOTES DU CHANT V.

1. Tristan, neveu du roi Marc de Cornouailles. Il aima la reine Yseult, femme de ce prince, qui, les ayant surpris ensemble, se précipita sur Tristan et le frappa d'un coup mortel.

2. Françoise de Rimini naquit à Ravenne. Elle était fille de Guido de Polenta. Elle aimait Paolo de Rimini; ce fut son frère aîné Lanciotto, prince boiteux et difforme, qu'elle épousa. Un jour que les deux amants lisaient ensemble les aventures de Lancelot du Lac, le mari, entrant à l'improviste, les perça d'un même coup d'épée.

3. La Caïne, c'est-à-dire le cercle de Caïn (Ch. xxxii).

4. Galléhaut avait favorisé les amours de Lancelot et de la reine Ginèvre.

ARGUMENT DU CHANT VI.

Arrivée au troisième cercle, où sont punis les gourmands. Le monstre Cerbère est commis à leur garde; il les assourdit de ses aboiements, les harcèle et les mord. En même temps sur les ombres pécheresses tombe une pluie éternelle mêlées de grêle et de neige. Dante rencontre parmi les damnés un Florentin fameux par sa gourmandise, et l'interroge sur l'issue des discordes intestines qui déchirent Florence.

CANTO SESTO

Al tornar della mente, che si chiuse
Dinanzi alla pietà de' duo cognati,
Che di tristizia tutto mi confuse,

Nuovi tormenti, e nuovi tormentati
Mi veggio intorno, come ch'io mi muova,
E come ch'io mi volga, e ch'io mi guati.

Io sono al terzo cerchio della piova
Eterna, maledetta, fredda, e greve.
Regola, e qualità mai non l'è nuova.

Grandine grossa, ed acqua tinta, e neve
Per l'aere tenebroso si riversa:
Pute la terra, che questo riceve.

CHANT SIXIÈME

Lorsque j'eus recouvré mes sens et ma pensée
Que ces deux malheureux avaient bouleversée,
Et repris mes esprits confus et contristés ;

Tout à l'entour de moi, par devant, par derrière,
Partout où je portais mes yeux dans la carrière,
C'étaient nouveaux tourments et nouveaux tourmentés.

Nous étions au milieu de la troisième orbite ;
La pluie y tombe à flots, froide, lourde, maudite,
Tombant toujours la même et pour l'éternité.

Une grêle serrée, une eau neigeuse et sale,
Traversent l'air obscur de l'enceinte infernale ;
Le sol qui les reçoit en est tout infecté.

Cerbero, fiera crudele e diversa,
Con tre gole caninamente latra
Sovra la gente che quivi è sommersa.

Gli occhi ha vermìgli, e la barba unta ed atra,
E 'l ventre largo, e unghiate le mani:
Graffia gli spirti, gli scuoia, ed isquatra.

Urlar gli fa la pioggia come cani:
Dell' un de' lati fanno all' altro schermo:
Volgonsi spesso miseri profani.

Quando ci scorse Cerbero, il gran vermo
Le bocche aperse, e mostrocci le sanne:
Non avea membro, che tenesse fermo.

E 'l Duca mio, distese le sue spanne,
Prese la terra, e con piene le pugna
La gittò dentro alle bramose canne.

Qual è quel cane ch' abbajando agugna,
E si racqueta poi che 'l pasto morde,
Che solo a divorarlo intende e pugna;

Cotai si fecer quelle facce lorde
Dello demonio Cerbero, che 'ntrona
L'anime sì, ch' esser vorebber sorde.

CHANT VI.

Cerbère, la cruelle et monstrueuse bête,
Aboie, et l'aboiement sort de sa triple tête,
Contre les malheureux plongés dans cet Enfer.

L'œil en feu, la crinière immonde et tout sanglante,
Ayant peine à porter sa gorge pantelante,
Il va les déchirant de ses griffes de fer.

Eux hurlent sous la pluie, et, pour toute allégeance,
Ils présentent un flanc, puis l'autre à la souffrance.
Les malheureux pécheurs bien souvent se tournaient !

Quand Cerbère nous vit entrer au sombre asile,
Il nous montra ses crocs menaçants, le reptile !
De rage et de fureur tous ses membres tremblaient.

Mais mon guide aussitôt, d'un mouvement rapide,
Se baisse, et remplissant ses mains de terre humide
En jette une poignée au dragon affamé.

Tel un chien, si d'abord famélique il aboie,
Aussitôt qu'en ses crocs il a tenu sa proie,
Se tait et la dévore immobile et calmé.

Ainsi fut apaisé le monstre abominable,
Et je n'entendis plus cette voix effroyable,
Qui glace tant les morts qu'ils voudraient être sourds

Noi passavam su per l'ombre ch'adona
La greve pioggia, e ponavam le piante
Sopra lor vanità, che par persona.

Elle giacèn per terra tutte quante,
Fuor ch'una ch'a seder si levò ratto
Ch'ella ci vide passarsi davante.

O tu, che se' per questo 'nferno tratto,
Mi disse, riconoscimi, se sai;
Tu fosti prima, ch'io disfatto, fatto.

Ed io a lei : l'angoscia che tu hai,
Forse ti tira fuor della mia mente,
Sì che non par ch'io ti vedessi mai.

Ma dimmi chi tu se', che 'n sì dolente
Luogo se' messa, e a sì fatta pena
Che s'altra è maggio, nulla è sì spiacente.

Ed egli a me : la tua città, ch'è piena
D'invidia sì che già trabocca il sacco,
Seco mi tenne in la vita serena.

Uoi, cittadini, mi chiamaste Ciacco;
Per la dannosa colpa della gola,
Come tu vedi, alla pioggia mi fiacco.

Nous passions en foulant les ombres palpitantes,
Images des vivants et qu'on dirait vivantes ;
La pluie à flots pesants tombait, tombait toujours.

Et ces pauvres esprits restaient gisant par terre.
Un seul se souleva sur son lit de misère,
En nous voyant passer et devant lui venir.

« O toi que l'on conduit dans cet Enfer terrible,
Reconnais-moi, » dit-il, « s'il est encor possible :
Même temps nous a vus, toi vivre et moi mourir. »

Moi je lui répondis : « Ton angoisse peut-être
Altère ton visage et te fait méconnaître ;
Je ne me souviens pas de t'avoir vu vivant.

Qui donc es-tu, pécheur ? dis-nous quel fut ton vice ?
Quel crime t'a jeté dans un pareil supplice ?
S'il n'est le plus cruel, c'est le plus rebutant. »

Il me dit : « Dans la vie où fleurit l'espérance
J'habitais ton pays natal, cette Florence
Au sein gonflé d'envie et déjà consumé.

Vous me donniez le nom de Ciacco (1), nom infâme,
La vile gourmandise a dégradé mon âme ;
Pour elle tu me vois sous la pluie abîmé.

Ed io anima trista non son sola,
Che tutte queste a simil pena stanno
Per simil colpa, e più non fe' parola.

Io gli risposi : Ciacco, il tuo affanno
Mi pesa sì, ch' a lagrimar m'invita;
Ma dimmi, se tu sai, a che verranno

Li cittadin della città partita;
S' alcun v' è giusto; e dimmi la cagione
Perchè l' ha tanta discordia assalita.

Ed egli a me : dopo lunga tenzone
Verranno al sangue, e la parte selvaggia
Caccerà l' altra con molta offensione.

Poi appresso convien che questa caggia
Infra tre soli, e che l' altra sormonti
Con la forza di tal che testè piaggia.

Alto terrà lungo tempo le fronti,
Tenendo l' altra sotto gravi pesi,
Come che di ciò pianga e che n' adonti.

Giusti son duo, ma non vi sono 'ntesi.
Superbia, invidia, e avarizia sono
Le tre faville ch' hanno i cuori accesi.

Et je ne suis pas seul malheureux et coupable :
Pour semblable péché subit peine semblable
Chacun de ces damnés. » Il cessa de parler,

Et moi je répondis : « O Ciacco, ta détresse
Me fait venir aux yeux des larmes de tristesse?
Mais, Florence? Sais-tu, peux-tu me révéler

Quand elle finira cette guerre intestine?
De ces déchirements quelle est donc l'origine ?
N'est-il pas un seul juste entre ces insensés ? »

Il répondit : « Après une longue querelle
Ils en viendront au sang, à la lutte mortelle ;
Par les enfants du bois (2) les Noirs seront chassés.

Mais après trois soleils, reprenant l'avantage,
Les proscrits chasseront la faction *sauvage*
Par tel qui maintenant louvoie entre les deux (3).

Longtemps ils lèveront leur tête triomphante ;
Leur domination sera dure et pesante ;
Leur haine sera sourde aux vaincus malheureux.

Deux justes (4) sont restés; mais leurs voix sont perdues;
L'Avarice et l'Envie ensemble confondues
Ont jeté dans les cœurs leurs brandons pour toujours. »

CANTO VI.

Quì pose fine al lacrimabil suono.
Ed io a lui : ancor vo 'che m' insegni,
E che di più parlar mi facci dono.

Farinata e 'l Tegghiaio, che fur sì degni,
Iacopo Rusticucci, Arrigo, e 'l Mosca,
E gli altri ch' a ben far poser l'ingegni,

Dimmi ove sono, e fa ch' io gli conosca;
Che gran disio mi stringe di sapere
Se 'l ciel gli addolcia, o lo 'nferno gli attosca.

E quegli : ei son tra l' anime più nere :
Diverse colpe giù gli aggrava al fondo;
Se tanto scendi, gli potrai vedere.

Ma, quando tu sarai nel dolce mondo,
Pregoti ch' alla mente altrui mi rechi;
Più non ti dico, e più non ti rispondo.

Gli diritti occhi torse allora in biechi;
Guardomm' un poco, e poi chinò la testa,
Cadde con essa a par degli altri cicchi.

E 'l duca disse a me : più non si desta
Di quà dal suon dell' angelica tromba,
Quando verrà lor nimica podesta.

Ici l'ombre se tut. Je lui dis : « Ton langage
M'émeut, mais parle-moi, de grâce, davantage,
Et prolonge un moment ces instructifs discours.

Farinata, Mosca, Rusticucci, tant d'autres,
De douceur et de paix intelligents apôtres,
Arrigha, Tegghaio, ces hommes vertueux,

Où donc sont-ils? Dis-moi quelle est leur destinée?
Leur vie a-t-elle été punie ou pardonnée?
Souffrent-ils dans l'Enfer? Au ciel sont-ils heureux? »

— « Ils ont porté le poids d'autres péchés damnables ;
Tu les verras parmi les âmes plus coupables,
Si tu descends plus bas dans cet Enfer maudit.

Mais quand tu reverras la lumière chérie,
Rappelle ma mémoire aux hommes, je t'en prie :
Ne m'interroge plus maintenant ; j'ai tout dit. »

Lors il tourna sur moi comme un regard suprême,
Puis inclinant son front courbé sous l'anathème,
Dans l'amas des esprits je le vis se plonger.

« Ils ne se lèveront d'ici, » dit le poëte,
« Que lorsque sonnera la divine trompette
Quand le puissant vengeur viendra pour les juger.

9

Ciascun ritroverà la trista tomba,
Ripiglierà sua carne e sua figura,
Udirà quel che in eterno rimbomba.

Si trapassammo per sozza mistura
Dell 'ombre e della pioggia, a passi lenti,
Toccando un poco la vita futura.

Perch 'i dissi : maestro, esti tormenti
Cresceranno ei, dopo la gran sentenza,
O fien minori, o saran sì cocenti?

Ed egli a me : ritorna a tua scienza,
Che vuol, quanto la cosa è più perfetta
Più senta 'l bene e così la doglienza.

Tuttochè questa gente maladetta
In vera perfezion giammai non vada,
Di là più che di quà essere aspetta.

Noi aggirammo a tondo quella strada,
Parlando più assai ch' i' non ridico;
Venimmo al punto dove si digrada;

Quivi trovammo Pluto il gran nemico.

CHANT VI.

Chacun retrouvera sa triste sépulture,
Et reprenant sa chair et sa pâle figure,
Entendra ce qui doit à jamais retentir (5). »

Ainsi nous traversions à pas lents cette fange,
Ces ombres, cette pluie, indicible mélange,
En devisant un peu de la vie à venir.

« Maître, » disais-je, « après la sentence suprême,
Leur souffrance, dis-moi, sera-t-elle la même ?
Verront-ils s'adoucir ou croître leur malheur ? »

Et lui : « Rappelle-toi la doctrine du Maître (6) :
De la perfection plus se rapproche un être,
Plus il doit ressentir la joie et la douleur.

Il est vrai que toujours à la race maudite
Cette perfection de l'être est interdite ;
Mais ils sont plus complets sous la chair et le sang. »

En conversant ainsi dans la sombre atmosphère,
Nous achevions le tour de la troisième sphère,
Et nous venions au point où la route descend ;

Là se tenait Plutus (7), cet ennemi puissant.

NOTES DU CHANT VI.

1. *Ciacco* signifie en toscan, porc, pourceau.

2. Les enfants du bois, le parti *sauvage*, comme dit le texte, c'est-à-dire le parti qui avait pour chefs les Cerchi, famille de noblesse nouvelle venue depuis peu des bois de Val di Nievole. C'est le parti des Blancs, auquel appartenait Dante.

3. Charles de Valois, frère de Philippe le Bel, roi de France, qui vint au secours des Noirs et les rétablit à Florence, en 1301.

4. Ces deux justes sont Dante et Guido Cavalcanti son ami; suivant d'autres commentateurs, Barduccio et Jean de Vespignano.

5. Le jugement dernier.

6. Le Maître, pour tout le moyen âge, c'est Aristote.

7. Plutus, dieu des richesses, et non Pluton, comme le voudraient quelques commentateurs.

ARGUMENT DU CHANT VII.

Au seuil du quatrième cercle, Dante est arrêté par Plutus, démon de l'avarice et gardien de ce séjour. Le monstre s'apaise à la voix de Virgile, et Dante s'avance dans le cercle. L'enceinte est occupée, moitié par les avares, moitié par les prodigues. Ils poussent devant eux d'énormes poids de tout l'effort de leur poitrine, courant à la rencontre les uns des autres, s'entre-heurtant et se reprochant le vice contraire qui les sépare. En présence des tourments de ces âmes que la richesse a perdues, Virgile dépeint à Dante les vicissitudes de la Fortune.

Ils passent au cinquième cercle, et arrivent au bord des eaux stagnantes du Styx, où sont plongées les ombres de ceux qui se sont livrés à la colère ou à la paresse. Les colériques, tout nus dans le marais fétide, luttent ensemble et s'entre-déchirent. Les paresseux, plongés dans la vase, soupirent une plainte étouffée. Les deux poëtes arrivent au pied d'une tour.

CANTO SETTIMO

Pape Satan, pape Satan aleppe,
Cominciò Pluto con la voce chioccia:
E quel Savio gentil, che tutto seppe,

Disse per confortarmi: non ti noccia
La tua paura; chè, poder ch' egli abbia,
Non ti torrà lo scender questa roccia.

Poi si rivolse a quell' enfiata labbia,
E disse: taci, maladetto luppo:
Consuma dentro te con la tua rabbia.

Non è senza cagion l' andare al cupo:
Vuolsi così nell' alto ove Michele
Fe' la vendetta del superbo strupo.

CHANT SEPTIÈME

« Holà, pape Satan! holà! » Rauque et sauvage,
Ainsi cria la voix de Plutus; mais le sage,
Mon guide, cette source immense de savoir,

Me rassura, disant : « Que la peur ne t'égare!
Descendons le rocher, car ce démon avare
Ne peut nous arrêter, si grand soit son pouvoir. »

Puis tourné vers le monstre à la gueule enflammée :
« Loup maudit, » lui dit-il, « tiens ta rage enfermée,
Qu'elle te rentre au corps et t'étouffe! Tais-toi!

Car si nous descendons au gouffre expiatoire;
On l'a voulu là-haut, où l'Ange de victoire (1)
Écrasa les esprits parjures à leur foi. »

Quali dal vento le gonfiate vele
Caggiono avvolte, poichè l'alber fiacca;
Tal cadde a terra la fiera crudele.

Così scendemmo nella quarta lacca,
Prendendo più della dolente ripa,
Che 'l mal dell'universo tutto 'nsacca.

Ahi giustizia di Dio! tante chi stipa
Nuove travaglie e pene, quante io viddi?
E perchè nostra colpa sì ne scipa?

Come fa l'onda là sovra Cariddi,
Che si frange con quella in cui s'intoppa;
Così convien che quì la gente riddi.

Quì vid'io gente, più ch'altrove, troppa,
E d'una parte e d'altra con grand'urli
Voltando pesi per forza di poppa.

Percotevansi incontro, e poscia pur li
Si rivolgea ciascun, voltando a retro,
Gridando: Perchè tieni? e perchè burli?

Così tornavan per lo cerchio tetro
Da ogni mano all'opposito punto,
Gridandosi anche loro ontoso metro:

CHANT VII.

Comme on voit par le vent une voile gonflée
Sur son mât fracassé tomber tout enroulée,
Tel je vis à ces mots choir le monstre infernal.

Au quatrième cercle ainsi nous descendîmes,
Enfoncés plus avant dans les plaintifs abîmes
Qui de notre univers engouffrent tout le mal.

Ah! Justice de Dieu! Quelles mains vengeresses
Ont amassé ces maux et toutes ces tristesses?
Que nos fautes ainsi puissent nous déchirer!

Tels, au gouffre où Charybde ameute ses colères,
Les flots contre les flots heurtés en sens contraires,
Tels je vis les damnés ici se rencontrer.

La foule plus qu'ailleurs me paraissait nombreuse.
De deux côtés venait cette gent malheureuse
Gémissant et poussant devant soi des blocs lourds.

Ils se heurtaient ensemble au bout de la carrière,
Et puis se retournaient brusquement en arrière
Criant : «—Pourquoi jeter? »—«Pourquoi garder toujours?»

Et sans cesse ils allaient et revenaient sans cesse
D'un point à l'autre point de ce lieu de détresse,
Toujours se renvoyant l'injurieux refrain.

Poi si volgea ciascun, quand' era giunto,
Per lo suo mezzo cerchio, all' altra giostra.
Ed io, ch' avea lo cor quasi compunto,

Dissi : Maestro mio, or mi dimostra
Che gente è questa ; e se tutti fur cherci
Questi chercuti alla sinistra nostra.

Ed egli a me : tutti quanti fur guerci
Sì della mente in la vita primaia,
Che con misura nullo spendio ferci.

Assai la voce lor chiaro l' abbaia,
Quando vengono ai duo punti del cerchio,
Ove colpa contraria gli dispaia.

Questi fur cherci, che non han coperchio
Piloso al capo, e Papi, e Cardinali,
In cui usò avarizia il suo soperchio.

Ed io : Maestro, tra questi cotali
Dovrei io ben riconoscere alcuni,
Che furo immundi di cotesti mali.

Ed egli a me : vano pensiero aduni :
La sconoscente vita, che i fe' sozzi,
Ad ogni conoscenza or gli fa bruni.

Au milieu de leur cercle ils arrivaient à peine,
Qu'ils couraient se casser à la joute prochaine;
Et moi qui me sentais le cœur triste et chagrin :

« Maître, » fis-je, « quelle est cette race profane?
Ont-ils tous été clercs et porté la soutane
Ceux que je vois à gauche et qui sont tonsurés? »

Virgile répondit : « Ils furent sur la terre,
Myopes d'intelligence et de fol caractère,
Dans l'emploi de leurs biens toujours immodérés.

Leur voix bien assez haut nous le crie, il me semble,
Quand aux deux points du cercle arrivés tous ensemble,
Leurs péchés opposés les tournent séparés.

Ces têtes que tu vois de cheveux dépouillées,
Ce sont clercs, cardinaux, papes, âmes souillées
Qu'asservit l'avarice à ses désirs outrés. »

Je repartis : « Parmi tous ces damnés, mon maître,
Il en est quelques-uns que je devrais connaître
Et que j'ai vus plongés dans ce vice odieux. »

— « Tu l'espères en vain, » me dit-il; « l'infamie
Qui les avait couverts pendant leur triste vie,
Répand sur eux son ombre et les voile à nos yeux.

In eterno verranno agli due cozzi:
Questi risurgeranno del sepulcro
Col pugno chiuso, e questi coi crin mozzi.

Mal dare, e mal tener lo mondo pulcro
Ha tolto loro, e posti a questa zuffa:
Qual ella sia, parole non si appulcro:

Or puoi, figliuol, veder la corta buffa
De' ben, che son commessi alla Fortuna,
Perchè l'umana gente si rabbuffa;

Chè tutto l'oro ch'è sotto la Luna,
O che già fu, di quest' anime stanche
Non poterebbe farne posar una.

Maestro, dissi lui, or mi di' anche:
Questa Fortuna di che tu mi tocche,
Che è, che i ben del mondo ha sì tra branche?

E quegli a me: o creature sciocche,
Quanta ignoranza è quella che v'offende!
Or vo' che tutti mia sentenza imbocche

Colui, lo cui saver tutto trascende,
Fece li Cieli, e diè lor chi conduce,
Sì ch'ogni parte ad ogni parte splende,

Entre-heurtés ainsi dans la nuit éternelle,
Ils se réveilleront dans leur tombe mortelle,
Ceux-ci les cheveux ras, ceux-là le poing fermé.

Amasser, prodiguer, c'est l'un ou l'autre vice
Qui les priva du ciel pour courir cette lice.
Ce qu'elle a de poignant ne peut être exprimé.

Or, mon fils, tu peux voir le vide et la poussiere
Des biens qui sont commis à la Fortune altière
Et que l'homme mortel poursuit mal à propos.

On pourrait rassembler l'or dont la terre est pleine;
En vain! à ces esprits harassés, hors d'haleine,
Il ne donnerait pas un instant de repos. »

« Maître, » lui dis-je, « un mot encore : Quelle est-elle
Cette Fortune avare et qui tient sous son aile
Les richesses, les biens du monde tout entier? »

—« Oh, » s'écria Virgile, « aveugles créatures,
L'ignorance vous perd en des routes obscures !
Entends donc ma parole et reste au vrai sentier.

Celui qui contient tout et que rien ne surpasse,
Donna leur guide aux cieux qu'il lançait dans l'espace,
Et les fit tour à tour l'un pour l'autre briller,

Distribuendo ugualmente la luce:
Similemente agli splendor mondani
Ordinò general ministra e duce,

Che permutasse a tempo li ben vani
Di gente in gente, e d'uno in altro sangue,
Oltre la difension de' senni uamni:

Perchè una gente impera, e l'altra langue,
Seguendo lo giudicio di costei,
Che è occulto, come in erba l'angue.

Vostro saver non ha contrasto a lei:
Ella provvede, giudica, e persegue
Suo regno, come il loro gli altri Dei.

Le sue permutazion non hanno triegue:
Necessità la fa esser veloce,
Sì spesso vien chi vicenda consegue.

Quest'è colei, ch'è tanto posta in croce
Pur da color, che le dovrian dar lode,
Dandole biasmo a torto, e mala voce.

Ma ella s'è beata, e ciò non ode:
Con l'altre prime creature lieta
Volve sua spera, e beata si gode.

En leur distribuant une égale lumière :
Ainsi sur les splendeurs et les biens de la terre,
Une main conductrice eut charge de veiller.

Quand le temps est venu, c'est elle qui les mène,
Malgré tous les efforts de la prudence humaine,
D'un peuple à l'autre peuple et d'un sang dans un sang.

Une race languit, l'autre règne superbe
Suivant qu'elle a voulu ; comme un serpent sous l'herbe
Elle se cache, esprit invisible et puissant.

Votre savoir n'a point de défense contre elle :
Elle pourvoit, décide, elle est reine immortelle
Et de son règne au ciel elle poursuit le cours.

Ses révolutions n'ont ni trêve, ni cesse,
C'est la nécessité divine qui la presse,
La force de courir et de changer toujours.

Telle est cette fortune insultée et honnie
Même alors que sa main devrait être bénie,
Et que maudit l'ingrat comblé par sa faveur.

Mais elle est bienheureuse et sourde à ces injures,
Et sereine au milieu des pures créatures
Elle roule sa sphère en paix dans son bonheur.

Or discendiamo omai a maggior pièta :
Già ogni stella cade, che saliva
Quando mi mossi, e 'l troppo star si vieta.

Noi ricidemmo 'l cerchio all' altra riva,
Sovr' una fonte, che bolle, e riversa
Per un fossato che da lei diriva.

L' acqua era buia molto più che persa,
E noi in compagnia dell' onde bige
Entrammo giù per una via diversa.

Una palude fa, ch' ha nome Stige,
Questo tristo ruscel, quand' è disceso
Al piè delle maligne piagge grige.

Ed io, che di mirar mi stava inteso,
Vidi genti fangose in quel pantano,
Ignude tutte, e con sembiante offeso.

Queste si percotean non pur con mano,
Ma con la testa, e col petto, e co' piedi,
Troncandosi co' denti a brano a brano.

Lo buon Maestro disse : figlio or vedi
L' anime di color, cui vinse l' ira :
Ed anche vo', che tu per certo credi,

Maintenant descendons à plus grande infortune,
Nous ne pouvons tarder : déjà l'une après l'une
Chaque lumière au ciel commence à s'obscurcir. »

Nous coupâmes alors le cercle à l'autre rive
Où les flots bouillonnants d'une source d'eau vive,
Dans un ruisseau tombaient et le faisaient grossir.

Sombre et noire semblait la couleur de ces ondes;
Et nous, suivant le cours de leurs vagues immondes,
Dans un autre chemin descendions tous les deux.

Parvenu jusqu'au pied d'une plage livide,
Le ruisseau qui s'endort forme un marais fétide :
Styx est le nom qu'on donne à cet étang hideux.

Je m'arrêtai saisi par un spectacle étrange :
Je vis des malheureux plongés dans cette fange
Qui combattaient tout nus et les yeux tout ardents;

Des pieds, des poings, des fronts se frappant avec rage
Et lambeaux par lambeaux dans leur lutte sauvage
Entre eux se déchirant le corps avec les dents.

Mon bon maître me dit : « Mon fils, tu vois les âmes
De ceux que la colère a brûlés de ses flammes.
Ce n'est pas tout : je tiens à te faire savoir

Che sotto l' acqua ha gente che sospira,
E fanno pullular quest' acqua al summo,
Come l' occhio ti dice, u' che s' aggira.

Fitti nel limo dicon : tristi fummo
Nell' aere dolce che dal Sol s' allegra,
Portando dentro accidioso fummo,

Or ci attristiam nella belletta negra.
Questo inno si gorgoglian nella strozza,
Chè dir nol posson con parola integra.

Così girammo della lorda pozza
Grand' arco tra la ripa secca, e 'l mezzo,
Con gli occhi volti a chi del fango ingozza :

Venimmo appiè d' una torre al dassezzo.

Que sous cette onde encor soupire une autre race ;
Elle fait bouillonner les flots à la surface,
Partout autour de nous comme tu peux le voir.

Fichés dans le limon, entends ces pêcheurs dire :
« Air doux et gai soleil, rien ne nous fit sourire :
Nous portions dedans nous une lourde vapeur.

Maintenant nous pleurons au fond de ces eaux sombres. »
En sons entrecoupés ces paresseuses ombres
Coassent lentement leur hymne de douleur.

Ainsi, suivant le bord des ondes limoneuses,
Les regards attachés sur ces âmes fangeuses,
Du fétide marais nous achevions le tour :

Et parvînmes enfin jusqu'au pied d'une tour.

NOTES DU CHANT VII.

1. L'archange Michel. Et factum est prælium in cœlo, Michael et Angeli ejus præliabantur cum Dracone. (*Apocal.*)

ARGUMENT DU CHANT VIII.

Une barque paraît sur le lac, répondant à des signaux partis de la tour. C'est la barque du démon Phlégias. Virgile et Dante y montent et traversent le Styx. Pendant le trajet ils rencontrent l'ombre de Philippe Argenti, Florentin fameux par ses emportements. Il est assailli par les autres ombres furieuses, et disparaît bientôt dans la bourbe. Les deux poëtes débarquent devant la cité de Dité. Des démons menaçants en défendent le seuil; mais Virgile rassure Dante en lui annonçant un divin auxiliaire qui triomphera de leur résistance.

CANTO OCTAVO

Io dico seguitando, ch' assai prima,
Che noi fussimo al piè dell' alta torre,
Gli occhi nostri n' andar suso alla cima

Per due fiammette, che i vedemmo porre,
Ed un 'altra da lungi render cenno,
Tanto, ch' appena 'l potea l' occhio torre.

Ed io rivolto al mar di tutto 'l senno,
Dissi: questo che dice? e che risponde
Quell' altro fuoco? e chi son que', che 'l fenno?

Ed egli a me: su per le sucide onde
Già puoi scorgere quello che s'aspetta,
Se 'l fummo del pantan nol ti nasconde.

CHANT HUITIÈME

Suivons de mon récit la trame continue :
Avant d'atteindre au pied de la tour haute et nue,
Vers le faîte déjà nos regards se portaient.

Deux fanaux au sommet balançaient leur lumière ;
Un autre feu semblait leur répondre, en arrière,
Si lointain que nos yeux à peine le voyaient.

J'interrogeai mon maître : « Océan de science ! »
Dis-je, « pourquoi ces feux ? et cet autre à distance ?
Et quelles mains là-haut font briller ces signaux ? »

Il me dit : « Tu peux voir, là-bas, si l'onde impure
N'a pas de ses vapeurs troublé ta vue obscure,
Celui que l'on attend s'approcher sur les eaux. »

Corda non pinse mai da sè saetta,
Che sì corresse via per l' aere snella,
Com' i' vidi una nave piccioletta

Venir per l' acqua verso noi in quella,
Sotto 'l governo d' un sol galeoto,
Che gridava : or se' giunta, anima fella?

Flegiàs, Flegiàs, tu gridi a voto,
Disse lo mio Signore, a questa volta :
Più non ci avrai, se non passando il loto.

Quale colui, che grande inganno ascolta,
Che gli sia fatto, e poi se ne rammarca,
Tal si fe' Flegiàs nell' ira accolta.

Lo Duca mio discese nella barca,
E poi mi fece entrare appresso lui;
E sol quand' io fui dentro parve carca.

Tosto che 'l Duca, ed io nel legno fui,
Segando se ne va l' antica prora
Dell' acqua più che non suol con altrui.

Mentre noi correvam la morta gora,
Dinanzi mi si fece un pien di fango,
E disse : chi se' tu, che vieni anzi ora?

CHANT VIII.

Léger comme une flèche et telle dans l'espace
Échappée à la corde elle fend l'air et passe,
J'aperçus dans l'instant un esquif tout petit

Qui glissait sur les eaux comme à notre poursuite.
Par un seul nautonier la barque était conduite ;
Il s'écriait : « Enfin, tu viens, traître maudit ! »

« Phlégias (1), Phlégias, » dit aussitôt Virgile,
« Tais-toi ! pour cette fois ta rage est inutile.
Tu ne nous auras plus, sitôt l'étang passé. »

Tel un homme soudain trompé dans son attente
Cache au fond de son cœur le fiel qui le tourmente,
Tel Phlégias, du coup secrètement blessé.

Mon guide descendit alors dans la nacelle,
Et moi j'y mis le pied après lui ; le bois frêle
Ne parut se charger que quand j'y fus entré.

Et dès que tous les deux nous fûmes dans la barque,
Elle partit, creusant une plus forte marque
Sur le flot doucement d'ordinaire effleuré.

Tandis que nous courions sur l'eau morte, à la proue
Un fantôme se dresse et tout couvert de boue :
— « Avant l'heure tu viens, » dit-il, « qui donc es-tu ? »

Ed io a lui : s' io vegno, no rimango ;
Ma tu chi se', che sì so' fatto brutto?
Rispose : vedi, che son un che piango.

Ed io a lui : con piangere e con lutto,
Spirito maladetto, ti rimani ;
Ch' io ti conosco, ancor sie lordo tutto.

Allora stese al legno ambe le mani :
Perchè 'l Maestro accorto lo sospinse,
Dicendo : via costà con gli altri cani.

Lo collo poi con le braccia mi cinse ;
Bacciommi 'l volto, e disse : alma sdegnosa,
Benedetta colei, che 'n te s' incinse.

Quei fu al mondo persona orgogliosa :
Bontà non è, che sua memoria fregi :
Così è l' ombra sua quì furiosa.

Quanti si tengon or lassù gra nRegi,
Che quì staranno come porci in brago,
Di sè lasciando orribili dispregi!

Ed io : Maestro, molto sarei vago
Di vederlo attuffare in questa broda,
Prima che noi uscissimo del lago.

CHANT VIII.

— « Je ne fais que passer dans ce lieu d'anathème,
Pour te souiller ainsi qui donc es-tu toi-même ? »
— « Hélas, je suis une ombre en pleurs, tu l'as bien vu.

— « Eh bien, lui répondis-je, être indigne, demeure !
Demeure dans ta boue, esprit maudit, et pleure !
Car je te reconnais sous ton masque fangeux. »

L'ombre alors étendit ses mains vers la nacelle,
Mais mon maître aussitôt la repoussa loin d'elle,
Disant : « Vers tes pareils, va-t'en, chien furieux ! »

Puis jetant ses deux bras à l'entour de ma tête,
Il m'embrasse et me dit : « O cœur fier, cœur honnête,
Bénis et bienheureux les flancs qui t'ont porté !

Des fureurs de l'orgueil cette âme est encor noire
Et pas une vertu n'a paré sa mémoire ;
Ici, c'est un démon dans la fange irrité.

Que de grands rois, là-haut, qui font trembler le monde,
Giront comme des porcs dans cette bourbe immonde,
Ne laissant après eux que d'horribles mépris ! »

Et moi je dis : « J'aurais du plaisir, ô mon maître,
A voir dans le bourbier ce pécheur disparaître
Avant que de ce lac tous deux soyons sortis. »

Ed egli a me : avanti che la proda
Ti si lasci veder, tu sarai sazio :
Di tal disio converrà che tu goda.

Dopo ciò poco vidi quello strazio
Far di costui alle fangose genti,
Chè Dio ancor ne lodo, e ne ringrazio.

Tutti gridavano : A Filippo Argenti :
Quel Fiorentino spirito bizzarro
In sè medesmo si volgea co' denti.

Quivi 'l lasciammo, che più non ne narro :
Ma negli orecchi mi percosse un duolo,
Perch' io avanti intento l' occhio sbarro.

E 'l buon Maestro disse : omai, figliuolo,
S' appressa la Città ch. ha nome Dite,
Coi gravi cittadin, col grande stuolo.

Ed io : Maestro, già le sue meschite
Là entro certo nella valle cerno
Vermiglie, come se di fuoco uscite

Fossero ; ed ei mi disse : il fuoco eterno,
Ch' entro l' affuoca, le dimostra rosse,
Come tu vedi in questo basso 'nferno.

— « Avant qu'à nos regards la rive ne paraisse
Tu pourras contenter le désir qui te presse, »
Dit-il, « et devant toi va s'accomplir ton vœu. »

Aussitôt des esprits je vis l'impure tourbe
Harceler à l'envi le pécheur dans sa bourbe.
Et maintenant encor j'en loue et bénis Dieu !

« Sur Philippe Argenti, » criaient-ils, « anathème ! »
L'insensé Florentin, tourné contre lui-même,
Semblait se déchirer le corps avec les dents.

Il disparut. Plus loin, une rumeur plaintive
Vint frapper tout à coup mon oreille attentive ;
Inquiet, devant moi j'ouvris des yeux ardents.

— « A nos regards, mon fils, » dit alors mon bon maître,
La cité dont le nom est Dité (2) va paraître
Avec ses habitants nombreux et désolés. »

« Au fond de la vallée, ô maître, » répondis-je,
« J'en vois déjà les murs tout vermeils, quel prodige !
De la flamme on dirait qu'ils sortent tous brûlés. »

« L'éternel feu, » dit-il, « qui ronge ses entrailles,
De la cité terrible a rougi les murailles,
Ainsi que tu le vois dans ce profond enfer. »

11.

Noi pur giugnemmo dentro all' alte fosse,
Che vallan quella terra sconsolata :
Le mura mi parean che ferro fosse.

Non senza prima far grande aggirata,
Venimmo in parte, dove 'l nocchier, forte,
Uscite, ci gridò, qui è l' entrata.

Io vidi più di mille in su le porte
Dal Ciel piovuti, che stizzosamente
Dicean : chi è costui, che senza morte

Va per lo regno della morta gente?
E 'l savio mio Maestro fece segno
Di voler lor parlar segretamente.

Allor chiusero un poco il gran disdegno,
E disser : vien tu solo, e quei sen vada,
Che sì ardito entrò per questo regno :

Sol si ritorni per la folle strada :
Pruovi, se sa; chè tu qui rimarrai,
Che scorto l' hai per sì buia contrada.

Pensa, Lettore, s' io mi sconfortai
Nel suon delle parole maladette ;
Chè non credetti ritornarci mai.

CHANT VIII.

Nous entrâmes bientôt, par une route creuse,
Dans les fossés bordant la cité douloureuse.
Les murs, en approchant, me paraissaient de fer.

Après un long circuit, de sa voix la plus forte
Le nocher nous cria : « Sortez, voici la porte ! »
Nous étions arrivés et nous touchions au bord.

Sur le seuil foisonnait cette race perverse,
Anges précipités du ciel comme une averse.
Furieux ils criaient : « Qui donc avant la mort

Dans l'empire des morts ose marcher indigne ? »
Et mon avisé maître à ces démons fait signe
De vouloir en secret leur parler un moment.

Lors contenant un peu la fureur qui les presse,
Ils dirent : « Viens toi seul, mais lui, qu'il disparaisse,
Lui qui dans ce royaume entre si hardiment !

Puisqu'il a pu tenter cette folle aventure,
Qu'il trouve son chemin dans la contrée obscure !
Et toi qui l'as guidé, reste ici désormais ! »

Lecteur, en entendant ces paroles de rage
Tu peux te figurer si je repris courage !
Sur la terre je crus ne revenir jamais.

O caro Duca mio, che più di sette
Volte m' hai sicurtà renduta, e tratto
D' alto periglio, che 'ncontra mi stette,

Non mi lasciar, diss' io, così disfatto:
E se l' andar più oltre c' è negato,
Ritroviam l' orme nostre insieme ratto.

E quel Signor che lì m' avea menato,
Mi disse: non temer, chè 'l nostro passo
Non ci può torre alcun, da Tal n' è dato.

Ma qui m' attendi, e lo spirito lasso
Conforta e ciba di speranza buona,
Ch' io non ti lascerò nel mondo basso.

Così sen va, e quivi m' abbandona
Lo dolce Padre, ed io rimango in forse;
Chè 'l no, e 'l sì nel capo mi tenzona.

Udir non pote' quello ch' a lor porse:
Ma ei non stette là con essi guari,
Che ciascun dentro a pruova si ricorse.

Chiuser le porte quei nostri avversari
Nel petto al mio Signor, che fuor rimase,
E rivolsesi a me con passi rari.

— « Guide chéri, toi qui dans mon âme inquiète
As mis plus de sept fois le calme, et de ma tête
Écarté les périls qui se dressaient hideux,

Ne m'abandonne pas dans la désespérance,
Et s'il est défendu que plus loin je m'avance,
Retournons promptement sur nos pas, tous les deux ! »

Et lui qui jusque-là m'avait conduit : « Courage ! »
Me dit-il, « nul ne peut nous fermer ce passage ;
Un plus puissant que tous a dirigé nos pas.

Attends-moi dans ces lieux, et de bonne espérance
Réconforte et nourris ton âme en défaillance :
Dans le monde infernal tu ne resteras pas. »

Ce disant, mon bon père au milieu de la route
M'abandonne, et tout seul je reste en proie au doute,
Roulant le pour, le contre, en mon cœur agité.

Je ne pouvais ouïr ce qu'aux âmes rebelles
Il disait ; mais à peine il parlait avec elles
Que toutes à l'envi couraient vers la cité.

Mon maître s'avança ; mais cette armée hostile
Lui ferma brusquement les portes de la ville,
Et demeuré dehors il revint à pas lents.

Gli occhi alla terra, e le ciglia avea rase
D' ogni baldanza, e dicea ne' sospiri:
Chi m' ha negate le dolenti case?

Ed a me disse: tu, perch' io m' adiri,
Non sbigottir, ch' io vincerò la pruova,
Qual, ch' alla difension dentro s'aggiri.

Questa lor tracotanza non è nuova;
Chè già l' usaro a men segreta porta,
La qual senza serrame ancor si truova.

Sovi' essa vedestù la scritta morta:
E già di qua da lei discende l' erta,
Passando per li cerchi senza scorta

Tal, che per lui ne fia la Terra aperta.

CHANT VIII.

L'œil à terre et le front dépouillé d'assurance,
Il soupirait, disant : « Quelle est donc la puissance
Qui ferme devant moi le seuil des lieux dolents? »

Puis à moi : « Nous vaincrons, bien que je m'en irrite,
L'obstacle suscité par la race proscrite,
Malgré leur résistance et malgré leur courroux.

Je connais leur audace et leur vieille insolence ;
Ailleurs ils ont usé de cette violence :
Le seuil qu'ils défendaient est encor sans verroux (3).

C'est la porte où tu vis l'inscription fatale.
Et déjà, descendant la vallée infernale,
Quelqu'un traverse seul les cercles de la mort,

Par qui cette cité s'ouvrira sans effort. »

NOTES DU CHANT VIII.

1. Phlégias, roi des Lapithes, ayant appris que sa fille Coronis avait été insultée par Apollon, incendia le temple de ce dieu. C'est à cause de cette fureur sacrilége, que, dans la fiction du poëte, c'est un nocher, qui, du lac où sont plongées les âmes colères, conduit à la cité de Dité les âmes des impies.

2. La cité de Dité, c'est-à-dire la cité de Pluton. Dité vient de Dis, un des noms sous lesquels les anciens désignaient ce dieu.

3. Allusion à la descente de Jésus-Christ dans les Limbes ; la porte fut brisée par lui malgré la résistance des démons.

ARGUMENT DU CHANT IX.

Arrêtés devant les portes de Dité, effrayés par l'apparition des Furies, les deux poëtes sont enfin secourus par l'ange envoyé du ciel. Ils entrent dans la cité. C'est le séjour où sont punis les incrédules, plongés dans des tombeaux brûlants. Dante s'avance avec Virgile entre ces tombes et les murailles de la cité.

CANTO NONO

Quel color che viltà di fuor mi pinse,
Veggendo 'l Duca mio tornare in volta,
Più tosto dentro il suo nuovo ristrinse.

Attento si fermò, com' uom ch' ascolta;
Chè l' occhio nol potea menare a lunga
Per l' aer nero, e per la nebbia folta.

Pure a noi converrà vincer la punga,
Cominciò ei : se non... tal ne s' offerse...
Oh quanto tarda a me, ch' altri qui giunga!

Io vidi ben, si com' ei ricoperse
Lo cominciar con l' altro che poi venne,
Che fur parole alle prime diverse.

CHANT NEUVIÈME

Cette pâle frayeur peinte sur mon visage,
Quand je vis sur ses pas s'en retourner le Sage,
Fit rentrer dans son cœur le trouble d'un moment.

Comme un homme écoutant attentif, il se baisse,
Car dans l'obscurité de l'atmosphère épaisse
Ses regards incertains plongeaient malaisément.

« Il faudra bien forcer le seuil qu'on nous dispute, »
Me dit-il, « ou sinon.....quelqu'un s'offre à la lutte...
Ah ! j'ai hâte de voir notre allié venir ! »

Je vis bien qu'il couvrait par une autre pensée
La phrase que d'abord il avait commencée,
Et que les derniers mots ne semblaient pas finir.

Ma nondimen paura il suo dir dienne,
Perch' io traeva la parola tronca
Forse a peggior sentenza ch' e' non tenne.

In questo fondo della trista conca
Discende mai alcun del primo grado,
Che sol per pena ha la speranza cionca?

Questa question fec' io; e quei : di rado
Incontra, mi rispose, che di nui
Faccia 'l cammino alcun, per quale io vado.

Ver è, ch' altra fiata quaggiù fui,
Congiurato da quella Eriton cruda,
Che richiamava l' ombre a' corpi sui

Di poco era di me la carne nuda,
Ch' ella mi fece 'ntrar dentro a quel muro,
Per trarne un spirto del cerchio di Giuda.

Quell' è 'l più basso luogo, e 'l più oscuro,
E 'l più lontan dal Ciel, che tutto gira :
Ben so 'l cammin; però ti fa sicuro.

Questa palude, che gran puzzo spira,
Cinge d' intorno la Città dolente,
U' non potemo entrare omai senz' ira;

Et d'un surcroît de peur mon âme fut frappée ;
J'interprétais à mal sa phrase entrecoupée
Et peut-être en tirais un augure trop noir.

— « Jamais, » lui demandai-je, « en cette triste conque
A-t-on vu pénétrer, maître, un esprit quelconque
Condamné seulement à languir sans espoir ? »

Virgile répondit : « Il n'est pas ordinaire
Qu'un des esprits du cercle où je vis puisse faire
Ce long et dur chemin que pour toi j'entrepris.

Il est vrai que déjà dans ces lieux de misère
J'entrai par l'art maudit d'Erycto, la mégère
Qui savait dans leurs corps rappeler les esprits.

Je venais de quitter ma dépouille mortelle,
Lorsque je dus passer par cette citadelle
Pour tirer un esprit du cercle de Judas.

Ce cercle est le plus bas et c'est le plus funeste
Et le plus éloigné de la sphère céleste.
Va, je sais le chemin ; ainsi, ne tremble pas !

Ce marais, d'où s'exhale une vapeur affreuse,
Enserre en ses contours la cité douloureuse
Où nous ne pouvons plus entrer qu'en menaçant. »

Ed altro disse, ma non l' ho a mente;
Perocchè l' occhio m' avea tutto tratto
Ver l' alta torre alla cima rovente,

Ove in un punto vidi dritte ratto
Tre Furie infernal di sangue tinte,
Che membra femminili aveano ed atto,

E con idre verdissime eran cinte:
Serpentelli e ceraste avean per crine,
Onde le fiere tempie eran avvinte.

E quei, che ben conobbe le meschine
Della Regina dell' eterno pianto,
Guarda, mi disse, le feroci Erine.

Quest' è Megera dal sinistro canto:
Quella, che piange dal destro, è Aletto:
Tesifone è nel mezzo; e tacque a tanto.

Con l' unghie si fendea ciascuna il petto;
Batteansi a palme; e gridavan sì alto,
Ch' i' mi strinsi al Poeta per sospetto.

Venga Medusa, sì 'l farem di smalto,
Gridavan tutte, riguardando in giuso:
Mal non vengiammo in Teseo l' assalto.

De ce qu'il ajouta j'ai perdu souvenance,
Car mes yeux m'entraînaient comme avec violence
Vers la tour élevée au sommet rougissant,

Où je vis se dresser, sanglantes et meurtries,
Trois larves de l'enfer, les hideuses Furies.
Ces monstres de la femme avaient les traits et l'air ;

Des hydres à leurs flancs se tordaient en ceinture ;
Des serpents, des aspics formaient leur chevelure
Et tressaient leur couronne à ces fronts de l'enfer.

Et lui qui reconnut les suivantes cruelles
De la reine qui trône aux douleurs éternelles :
« C'est la triple Erynnis, me dit-il, vois-tu bien ?

Celle qui s'est dressée à gauche, c'est Mégère,
Celle qui pleure à droite, Alecto ; la dernière,
Au milieu, Tisiphone. » Il n'ajouta plus rien.

Elles se déchiraient et le sein et la tête,
Et poussaient de tels cris que moi près du poëte
Je courus me serrer, de terreur tout saisi.

« Viens, » du haut de la tour criaient-elles ensemble,
« Viens le changer en pierre, ô Méduse ! qu'il tremble !
Trop doucement Thésée (1) autrefois fut puni.

Volgiti 'ndietro, e tien lo viso chiuso;
Chè se 'l Gorgon si mostra, e tu 'l vedessi,
Nulla sarebbe del tornar mai suso.

Così disse 'l Maestro, ed egli stessi
Mi volse, e non si tenne alle mie mani,
Che con le sue ancor non mi chiudessi.

O voi, ch' avete gl' intelletti sani,
Mirate la dottrina, che s' asconde
Sotto 'l velame degli versi strani.

E già venia su per le torbid' onde
Un fracasso d' un suon pien di spavento,
Per cui tremavan amendue le sponde;

Non altrimenti fatto, che d' un vento
Impetuoso per gli avversi ardori,
Che fièr la selva, e senza alcun rattento

Li rami schianta, abbatte, e porta fuori,
Dinanzi polveroso va superbo;
E fa fuggir le fiere, e gli pastori.

Gli occhi mi sciolse, e disse: or drizza 'l nerbo
Del viso su per quella schiuma antica
Per indi, ove quel fummo è più acerbo.

CHANT IX.

« Tourne-toi, tiens tes yeux fermés, » me dit le Sage ;
« De Gorgone un instant si tu voyais l'image,
Tu ne reverrais plus la lumière des cieux. »

Ainsi parla mon maître, et lui-même en arrière
Il me fit retourner et fermer ma paupière,
Et de ses mains encore il me couvrit les yeux.

Vous dont l'esprit est sain, l'intelligence ferme,
Découvrez la leçon que le poëte enferme
Sous le voile brodé des vers mystérieux (2) !

Et déjà j'entendais sur l'onde dégoûtante
Un immense fracas, un bruit plein d'épouvante,
Ébranlant les deux bords du marais nébuleux.

Ainsi souvent on voit, avec un bruit sauvage,
Tandis que la chaleur irrite encor sa rage,
Le vent dans la forêt déchaîner ses fureurs ;

Il casse les rameaux, les abat, les enlève,
Il emporte avec lui le sable qu'il soulève,
Et fait fuir éperdus loups, brebis et pasteurs.

Il découvrit mes yeux et me dit ; « Que ta vue
Plonge à présent là-bas, où plus sombre est la nue,
Sur ces flots du vieux lac écumant et profond ! »

Come le rane innanzi alla nimica
Biscia per l'acqua si dileguan tutte,
Fin ch'alla terra ciascuna s'abbica;

Vid' io più di mille anime distrutte
Fuggir così dinanzi ad un, ch' al passo
Passava Stige con le piante asciutte.

Dal volto rimovea quell' aere grasso,
Menando la sinistra innanzi spesso;
E soldi quell' angoscia parea lasso.

Ben m' accorsi, ch' egli era del Ciel Messo
E volsimi al Maestro; e quei fe' segno
Ch' io stessi cheto, ed inchinassi ad esso.

Ahi quanto mi parea pien di disdegno!
Giunse alla porta, e con una verghetta
L' aperse, che non v' ebbe alcun ritegno.

O cacciati del Ciel, gente dispetta,
Cominciò egli in su l' orribil soglia,
Ond' esta oltracotanza in voi s' alletta?

Perchè ricalcitrate a quella voglia,
A cui non puote 'l fin mai esser mozzo,
E che più volte v' ha cresciuta doglia?

Comme dans un étang, quand la couleuvre chasse,
Grenouilles de s'enfuir en tous sens, puis en masse
Se plonger dans la vase et s'entasser au fond;

J'aperçus des milliers de ces âmes perdues,
Qui devant un esprit s'enfuyaient éperdues.
Sur le Styx à pied sec il s'était avancé.

Il marchait; d'une main protégeant sa figure,
De l'autre il écartait cette vapeur impure :
Seule importunité dont il parût lassé.

J'eus vite reconnu le messager céleste,
Et mon maître, vers qui je me tournais, d'un geste
M'invite à me courber sans prononcer un mot.

Ah! quel noble dédain son visage reflète !
Il arrive à la porte; avec une baguette
A peine il l'a touchée, elle cède aussitôt.

— « Race d'esprits abjects, chassés du ciel sublime, »
S'écria-t-il au seuil de cet horrible abîme,
« C'est une outrecuidance étrange dans vos cœurs !

Osez-vous regimber contre cette puissance
Toujours sûre du but qu'elle a marqué d'avance,
Et qui plus d'une fois augmenta vos douleurs?

Che giova nelle Fata dar di cozzo?
Cerbero vostro, se ben vi ricorda,
Ne porta ancor pelato il mento e 'l gozzo.

Poi si rivolse per la strada lorda,
E non fe' motto a noi; ma fe' sembiante
D' uomo, cui altra cura stringa e morda,

Che quella di colui, che gli è davante :
E noi movemmo i piedi inver la Terra
Sicuri appresso le parole sante.

Dentro v' entrammo senza alcuna guerra :
Ed io, ch' avea di riguardar disio
La condizion, che tal Fortezza serra,

Come fui dentro, l' occhio intorno invio,
E veggio ad ogni man grande campagna,
Piena di duolo, e di tormento rio.

Sì come ad Arli, ove 'l Rodano stagna,
Sì come a Pola presso del Quarnaro,
Che Italia chiude, e i suoi termini bagna,

Fanno i sepolcri tutto 'l loco varo;
Così facevan quivi d' ogni parte,
Salvo che 'l modo v' era più amaro;

A quoi sert vous heurter au Destin invincible?
Votre Cerbère osa cette lutte impossible :
Il s'y meurtrit la gueule et le cou ; songez-y ! »

Et par la voie immonde il retourne en silence,
Sans nous dire un seul mot, avec cette apparence
D'un homme tout en proie à son noble souci,

Qui va, sans remarquer personne sur sa route.
Et nous, à cette voix hors de peine et de doute,
Nous dirigeons nos pas vers la cité de mort.

Nous entrâmes alors sans nulle résistance.
Je brûlais de savoir quel genre de souffrance
Subissaient les damnés qu'enfermait un tel fort.

Dans tous les sens ma vue avide se promène :
De tous côtés je vois comme une immense plaine
Couverte de douleurs et d'horribles tourments.

Comme on voit dans Pola, cette ville d'Istrie
Que le Quarnaro baigne aux confins d'Italie,
Ou dans Arle où le Rhône a des flots plus dormants,

Les sépulcres épars faire saillir la terre ;
Ainsi, de toutes parts dans ce champ de misère,
Mais l'aspect en était plus affreux, plus amer.

Chè tra gli avelli fiamme erano sparte,
Per le quali eran sì del tutto accesi,
Che ferro più non chiede verun' arte.

Tutti gli lor coperchi eran sospesi,
E fuor n' uscivan sì duri lamenti,
Che ben parean di meseri, e d' offesi.

Ed io : Maestro, quai son quelle genti,
Che seppellite dentro da quell' arche
Si fan sentir coi sospiri dolenti?

Ed egli a me : qui son gli eresiarche
Co' lor seguaci d' ogni setta, e molto
Più che non credi son le tombe carche.

Simile qui con simile è sepolto;
E i monimenti son più e men caldi :
E poi ch' alla man destra si fu volto,

Passammo tra i martìri, e gli alti spaldi.

Entre chaque sépulcre un tourbillon de flammes
S'élevait, embrasant ces tombeaux remplis d'âmes ;
Dans la forge rougi moins brûlant est le fer.

Les couvercles levés de ces tombeaux coupables
En laissaient échapper des accents lamentables :
C'était bien là le cri d'infortunés martyrs.

Et moi je dis : « Quelle est, maître, je t'en supplie,
Au fond de ces arceaux la race ensevelie
Qui se fait deviner à ces dolents soupirs? »

Il répondit : « Ici sont les hérésiarques (3)
Avec leurs partisans, tous et de toutes marques,
Et le nombre est bien grand de ces infortunés !

Chaque tombe renferme ensemble mêmes âmes,
Et doit brûler de plus ou moins ardentes flammes. »
Il dit, et tous les deux, à droite étant tournés,

Marchions entre le mur et les pauvres damnés.

NOTES DU CHANT IX.

1. Thésée étant descendu aux enfers fut condamné à rester attaché sur une roche ; mais Hercule vint le délivrer.

2. Ce sens, quel est-il ? Suivant l'explication plausible de M. Bagioli, l'un des principaux commentateurs du Dante, le poëte veut nous avertir qu'il ne faut pas regarder, même un instant, le vice, dont Méduse est l'image, sous peine de se perdre à jamais.

3. « Quoique le poëte nomme ici les hérésiarques, il ne veut pas dire les sectaires, les fondateurs de religion ou les schismatiques qui ont divisé ou troublé le monde par leur imposture, puisque ce n'est qu'au XXVIIIe chant qu'il les classe : il veut indiquer seulement les incrédules, esprits forts, athées, matérialistes, épicuriens, hérétiques de toute espèce à qui on ne peut reprocher que l'erreur et non la mauvaise foi. »

(RIVAROL.)

ARGUMENT DU CHANT X.

Au milieu des tombeaux brûlants où sont plongés les partisans d'Épicure un fantôme s'est dressé; c'est l'ombre de Farinata Uberti, ce héros qui, à la tête des Gibelins gagna la fameuse bataille de Mont-Aperti. Près de lui se soulève en même temps l'ombre de Cavalcanti, père de Guido, l'ami du Dante, qui cherche en vain son fils à côté du poëte, et le croyant mort retombe désolé dans son sépulcre. L'autre fantôme, tout entier à l'amour de la patrie, au souvenir des luttes auxquelles il a été mêlé, et auxquelles Dante sera mêlé à son tour, prédit au poète ses malheurs et son exil.

CANTO DECIMO

Ora sen va per uno stretto calle,
Tra 'l muro della Terra, e gli martiri,
Lo mio Maestro, ed io dopo le spalle.

O virtù somma, che per gli empj giri
Mi volvi, cominciai, come a te piace,
Parlami, e soddisfammi a' miei desiri.

La gente, che per li sepolcri giace,
Potrebbesi veder? già son levati
Tutti i coperchi, e nessun guardia face.

Ed egli a me: tutti saran serrati,
Quando di Iosaphat qui torneranno
Coi corpi, che lassù hanno lasciati.

CHANT DIXIÈME

Par un étroit sentier où le pied s'embarrasse,
Mon maître s'avançait et je suivais sa trace,
Marchant le long du mur à côté des martyrs.

— « O vertu souveraine, ô maître, » m'écriai-je,
« Qui m'entraînes ainsi dans l'enfer sacrilége,
Réponds, et, si tu peux, contente mes désirs!

Ne puis-je en ces tombeaux voir ceux qui les habitent?
Les couvercles levés à regarder m'invitent,
Et personne, je crois, ne fait la garde autour? »

— « Ces tombes, » me dit-il, « seront toutes fermées,
Lorsque dans Josaphat les âmes ranimées
Auront repris leurs corps au terrestre séjour.

Suo cimitero da questa parte hanno
Con Epicuro tutti i suoi seguaci,
Che l'anima col corpo morta fanno.

Però alla dimanda, che mi faci,
Quinc' entro soddisfatto sarai tosto,
Ed al disio ancor, che tu mi taci.

Ed io: buon Duca, non tegno nascosto
A te mio cor, se non per dicer poco;
Et tu m' hai non pur ora a ciò disposto.

O Tosco, che per la Città del foco
Vivo ten vai così parlandi onesto,
Piacciati di restare in questo loco.

La tua loquela ti fa manifesto
Di quella nobil patria natìo,
Alla qual forse fui troppo molesto.

Subitamente questo suono uscìo
D' una dell' arche: però m' accostai,
Temendo, un poco più al Duca mio.

Ed ei mi disse: volgiti, che fai?
Vedi là Farinata, che s' è dritto:
Dalla cintola in su tutto 'l vedrai.

CHANT X.

Par ici sont couchés dans même sépulture
Épicure et tous ceux qui suivant Épicure
Disent qu'avec le corps l'âme aussi doit mourir.

A ton désir ici tu pourras satisfaire,
Comme au vœu plus secret que tu voudrais me taire
Et qu'au fond de ton cœur je sais bien découvrir. »

— « Si je n'ai pas ouvert, maître, le cœur qui t'aime,
C'est pour être plus bref en paroles; toi-même,
Tout à l'heure, à parler tu ne m'engageais pas. »

— « O Toscan qui, vivant, dans la cité funeste
T'avances en tenant ce langage modeste,
Un instant dans ce lieu veuille arrêter tes pas!

Ton langage te fait clairement reconnaître,
C'est mon noble pays qui doit t'avoir vu naître,
Cette patrie à qui j'ai dû sembler pesant. »

Ainsi retentissait au fond des catacombes
Une voix qui sortait de l'une de ces tombes :
Je me serrai plus près de mon maître en tremblant.

— « Contre moi, » me dit-il, « quelle terreur te presse
Vois, c'est Farinata, son ombre qui se dresse
Dans toute sa hauteur, de la ceinture au front. »

Io avea già 'l mio viso nel suo fitto :
Ed ei s' ergea col petto e con la fronte,
Come avesse lo 'nferno in gran dispitto :

E l' animose man del Duca e pronte
Mi pinser tra le sepolture a lui,
Dicendo : le parole tue sien conte.

Tosto ch' al piè della sua tomba fui,
Guardommi un poco ; e poi, quasi sdegnoso,
Mi dimandò : chi fur gli maggior tui?

Io, ch' era d' ubbidir disideroso,
Non gliel celai, ma tutto gliele apersi ;
Ond' ei levò le ciglia un poco in soso.

Poi disse : fieramente furo avversi
A me, ed a miei primi, ed a mia parte ;
Sì che per due fiate gli dispersi.

S' ei fur cacciati, ei tornar d' ogni parte,
Risposi lui, e l' una e l' altra fiata ;
Ma i vostri non appreser ben quell' arte.

Allor surse alla vista scoperchiata
Un' ombra lungo questa infino al mento :
Credo che s' era inginocchion levata.

CHANT X.

Sur cette ombre déjà ma vue était fixée.
De la tête et des reins elle s'était haussée,
Et semblait rejeter l'enfer comme un affront.

A travers les tombeaux, d'une main confiante,
Mon guide me poussa vers l'ombre impatiente :
« Va, dit-il, que tes mots soient comptés, si tu peux. »

A peine j'arrivais au pied du sarcophage,
Abaissant un instant ses yeux sur mon visage :
« Tes aïeux, quels sont-ils ? » fit l'esprit dédaigneux.

Empressé d'obéir et de le satisfaire,
Je répondis sans rien déguiser, ni rien taire.
Il me parut lever des yeux plus courroucés :

« Ta race fut, » dit-il, « au sein de ma patrie,
De moi-même et des miens l'implacable ennemie ;
Mais aussi par deux fois ce bras les a chassés (1). »

— « S'ils ont été chassés, les hommes de ma race,
Par deux fois, » répondis-je, « ils sont rentrés en masse :
Les vôtres ont appris cet art moins bien que nous. »

Un autre esprit sortant de cette sépulture
Parut ; on ne voyait de lui que sa figure ;
Je crois bien qu'il s'était levé sur ses genoux.

D' intorno mi guardò, come talento
Avesse di veder s'altri era meco;
Ma, poi che 'l suspicar fu tutto spento,

Piangendo disse : se per questo cieco
Carcere vai per altezza d' ingegno,
Mio figlio ov' è, e perchè non è teco ?

Ed io a lui : da me stesso non vegno :
Colui, ch' attende là, per qui me mena,
Forse cui Guido vostro ebbe a disdegno.

Le sue parole, e 'l modo della pena
M'avevan di costui già letto il nome;
Però fu la risposta così piena.

Di subito drizzato gridò : come
Dicesti : egli ebbe ? non viv' egli ancora ?
Non fiere gli occhi suoi lo dolce lome ?

Quando s' accorse d' alcuna dimora,
Ch' io faceva dinanzi alla risposta,
Supin ricaddo, e più non parve fuora.

Ma quell' altro magnanimo, a cui posta
Restato m' era, non mutò aspetto,
Nè mosse collo, nè piegò sua costa :

Autour de moi ses yeux avec inquiétude
Cherchaient quelqu'un, et quand il eut la certitude
Que celui qu'il aimait n'était pas près de moi,

Il me dit en pleurant : « Si c'est par ton génie
Que tu viens aux cachots d'éternelle agonie,
Où mon fils ? Et pourquoi n'est-il pas avec toi ? »

—« Je ne viens pas ici par moi-même, » lui dis-je,
« Celui qui m'attend là me mène et me dirige ;
Pour qui votre Guido peut-être eut peu d'amour (2). »

Ses paroles autant que son genre de peine
M'avaient fait deviner le nom de l'ombre humaine,
Et j'avais répondu sans effort ni détour.

« Comment ! » cria l'esprit, se dressant dans sa bière,
« N'as-tu pas dit : il *eut* ? Est-il mort ? La lumière
N'éclaire-t-elle plus les regards de mon fils ? »

Et comme ma réponse à venir était lente,
L'ombre accablée au fond de sa prison brûlante
Tombait à la renverse, et plus ne la revis.

Mais cet autre héros de la tombe infernale
Et près de qui j'étais resté dans l'intervalle,
Il n'avait pas changé d'attitude ni d'air :

E se, continuando al primo detto,
Egli han quell' orte, disse, male appresa,
Ciò mi tormenta più che questo letto.

Ma non cinquanta volte fia raccesa
La faccia della Dona che quì regge,
Che tu saprai quanto quell' arte pesa.

E se tu mai nel dolce mondo regge,
Dimmi : perchè quel popolo è sì empio
Incontr' a' miei ciascuna sua legge?

Ond' io a lui : lo strazio, e 'l grande scempio,
Che fece l' Arbia colorata in rosso,
Tale orazion fa far nel nostro tempio.

Poi ch' ebbe sospirando il capo scosso :
A ciò non fu' io sol, disse, nè certo
Senza cagion sarei con gli altri mosso;

Ma fu' io sol colà, dove sofferto
Fu per ciascun di tôrre via Fiorenza,
Colui, che la difese a viso aperto.

Deh se riposi mai vostra semenza,
Prega' io lui, solvetemi quel nodo,
Che quì ha inviluppata mia sentenza.

« Si, » dit-il, relevant ma dernière parole ;
« Les miens ont mal appris cet art à votre école,
Tu me fais plus souffrir que ce lit de l'enfer.

Mais avant que la reine Hécate, la fatale,
Ait pu cinquante fois rallumer son front pâle,
De cet art malaisé tu connaîtras le prix.

Et dis-moi, qu'en retour tu vives au doux monde !
D'où vient que contre moi la haine est si profonde,
Le peuple si cruel à tous les miens proscrits ? »

Je répondis : « Le sang qu'a versé votre rage,
Les flots de l'Arbia rouges de ce carnage
Font maudire vous mort et les vôtres absents.

Alors en soupirant l'ombre pencha la tête :
« Je n'étais pas le seul à cette horrible fête, »
Dit-il, « et n'y fus pas sans des motifs puissants.

Mais je me montrais seul dans la même occurrence,
Quand, chacun proposant de détruire Florence,
Moi je la défendis, visage découvert. »

— « Dieu, » dis-je, « donne un jour la paix à votre race !
Défaites, je vous prie, un nœud qui m'embarrasse,
Un doute dont je sens que j'ai l'esprit couvert.

E' par che voi veggiate, se ben odo,
Dinanzi quel che 'l tempo seco adduce,
E nel presente tenete altro modo.

Noi veggiam, come quei ch' ha mala luce,
Le cose, disse, che ne son lontano;
Cotanto ancor ne splende 'l sommo Duce :

Quando s' appressano, o son, tutto è vano
Nostro 'ntelletto, e s' altri nol ci apporta,
Nulla sapem di vostro stato umano.

Però comprender puoi, che tutta morta
Fia nostra conoscenza da quel punto,
Che del futuro fia chiusa la porta.

Allor, come di mia colpa compunto,
Diss' io : ora direte a quel caduto,
Che 'l suo nato è coi vivi ancor cogiunto.

E s' io fu' dianzi alla risposta muto,
Fat' ei saper, che 'l fei, perchè pensava
Già nell' error, che m' avete soluto,

E già el Maestro mio mi richiamava :
Perch' io pregai lo spirito più avaccio.
Che mi dicesse, chi con lui si stava.

Il paraît, si j'ai bien entendu, que d'avance
Vous pouvez pénétrer du temps la chaîne immense,
Tandis que le présent reste voilé pour nous? »

— « Semblables au presbyte à la vue incertaine,
Nous distinguons » dit-il, « toute chose lointaine ;
C'est un dernier rayon que Dieu jette sur nous.

Quand un événement s'approche ou qu'il existe,
Vaine est cette clarté ; si nul ne nous assiste,
Nous ne savons plus rien de votre humanité.

Par ainsi ces lueurs à jamais seront mortes,
Lorsque de l'avenir Dieu fermera les portes,
Et fixera le monde en son éternité. (3) »

Lors je sentis ma faute et dis : « Faites connaître
A celui que j'ai vu si vite disparaître,
Que son fils est encore aux vivants réuni.

Si je restai muet au moment de répondre,
Dites-lui que déjà je me sentais confondre
Sous ce doute qu'enfin vous avez éclairci. »

Comme je m'entendais rappeler par mon guide,
Près de Farinata j'insistai, plus avide,
Pour savoir quels étaient ses autres compagnons.

Dissemi : qui con più di mille giaccio :
Qua entro è lo secondo Federico,
E 'l Cardinale, e degli altri mi taccio :

Indi s' ascose; ed io inver l' antico
Poeta volsi i passi, ripensando
A quel parlar, che mi parea nemico.

Egli si mosse; e poi, così in andando,
Mi disse : perchè se' tu sì smarrito?
Ed io gli soddisfeci al suo dimando.

La mente tua conservi quel ch' udito
Hai contra te, mi comandò quel Saggio,
Ed or attendi qui; e drizzò 'l dito.

Quando sarai dinanzi al dolce raggio
Di quella, il cui bell' occhio tutto vede,
Da lei saprai di tua vita il viaggio.

Appresso volse a man sinistra il piede;
Lasciammo il muro, e gimmo inver lo mezzo
Per un sentier, ch' ad una valle fiede,

Che 'nfin lassù facea spiacer suo lezzo.

CHANT X.

« Je suis couché, » dit-il, « parmi des milliers d'âmes :
Le second Frédéric (4) gît ici dans ces flammes,
Et là, le cardinal (5). Je tais les autres noms. »

Il disparut, et moi, vers l'antique poëte
Je revins, repassant dans mon âme inquiète
Cet oracle ennemi que j'avais entendu.

Virgile s'était mis en marche, et dans la route :
« Qu'est-ce donc qui si fort te trouble et te déroute ? »
A cette question lorsque j'eus répondu :

« Prends soin de retenir cet hostile présage
Et dans ton souvenir grave-le, » dit le sage ;
« Mais pour l'heure marchons ; » et puis, le doigt levé :

« Quand tu seras devant le doux regard de celle
Dont le bel œil voit tout (6), tu connaîtras par elle
De tes jours tout entiers l'oracle inachevé »

Nous laissâmes alors le mur à notre droite,
Vers le centre marchant par une pente étroite ;
Un nouveau cercle ouvert tout à l'extrémité

Exhalait jusqu'à nous un miasme empesté.

NOTES DU CHANT X.

1. La famille de Dante était Guelfe : lui-même l'était peut-être encore à l'époque où il est censé descendre en Enfer, c'est-à-dire, en 1300. Mais il ne l'était plus quand il écrivait son poëme, et sa préférence se trahit assez dans la noble et superbe attitude qu'il prête au héros florentin.

2. Guido l'ami du Dante, quoique à la fois poëte et philosophe, s'adonna plus à la philosophie qu'à la poésie.

3. Idées théologiques que l'on trouve dans Saint-Augustin et plusieurs des pères de l'Église.

4. L'empereur Frédéric II, épicurien, souvent en guerre avec les papes, excommunié par Grégoire IX.

5. Ottaviano degli Ubaldini de Florence, cardinal et pourtant du parti des empereurs. C'est lui qui disait que *s'il avait une âme*, il l'avait perdue pour les Gibelins; pour un cardinal le mot est d'un assez bon matérialisme, et l'on ne s'étonne pas que Dante ait donné à ce personnage une place parmi les incrédules.

6. Béatrix.

ARGUMENT DU CHANT XI.

Les deux poëtes arrivent au bord du septième cercle. Les exhalaisons fétides qui sortent de l'abîme les forcent de ralentir leur marche. Virgile profite de ce temps d'arrêt pour faire à Dante la topographie des lieux qu'ils ont encore à parcourir. Ils vont descendre dans trois cercles pareils à ceux qu'ils ont traversés : dans le premier (le septième de tout l'Enfer), sont les violents; mais comme il y a trois sortes de violence, selon qu'elle s'exerce contre Dieu, contre le prochain ou contre soi-même, le premier cercle est divisé en trois degrés. Dans le second cercle sont les fourbes; dans le dernier, ces doubles fourbes, les traîtres. Dante hasarde quelques questions : Pourquoi les voluptueux, les furieux, les gloutons, les intempérants de toutes sortes ne sont-ils pas dans la cité de feu? Comment Virgile a-t-il pu dire que l'usure était une violence contre Dieu? — Virgile répond à tout, appuyant à la fois ses raisonnements sur la philosophie d'Aristote et sur les saintes Écritures.

CANTO UNODECIMO

In su l'estremità d' un' alta ripa,
Che facevan gran pietre rotte in cerchio,
Venimmo sopra più crudele stipa.

E quivi per l' orribile soperchio
Del puzzo, che 'l profondo abisso gitta,
Ci raccostammo dietro ad un coperchio

D'un grand' avello, ov' io vidi una scritta,
Che diceva : Anastasio Papa guardo,
Lo qual trasse Fotin della via dritta.

Lo nostro scender conviene esser tardo,
Sì che s'ausi in prima un poco il senso
Al tristo fiato, e poi non fia riguardo.

CHANT ONZIÈME

Tout à l'extrémité d'une rive escarpée
Que formait une roche en cercle découpée,
Nous vînmes au-dessous d'un abîme nouveau.

Et, pour nous garantir du souffle délétère
Qui montait jusqu'à nous de ce profond cratère,
Nous cherchâmes abri derrière un grand tombeau.

Sur son couvercle ouvert on lisait cette phrase :
« Je porte dans mes flancs le pontife Anastase (1)
Que le diacre Photin entraîna dans l'erreur. »

— « Descendons lentement cette pente inégale,
Pour nous accoutumer aux vapeurs qu'elle exhale,
Et nous pourrons après avancer sans horreur. »

Così 'l Maestro; ed io : alcun compenso,
Dissi lui, trova, chè 'l tempo non passi
Perduto; ed egli : vedi ch' a ciò penso.

Figliuol mio, dentro da cotesti sassi,
Cominciò poi a dir, son tre cerchietti
Di grado in grado, come quei che lassi.

Tutti son pien di spirti maladetti :
Ma perchè poi ti basti pur la vista,
Intendi come, e perchè son costretti.

D' ogni malizia, ch'odio in Cielo acquista,
Ingiuria è il fine, ed ogni fin cotale
O con forza, o con frode altrui contrista.

Ma perchè frode è dell' uom proprio male,
Più spiace a Dio; e però stan di sutto
Gli frodolenti, e più dolor gli assale.

De' violenti il primo cerchio è tutto :
Ma perchè si fa forza a tre persone,
In tre gironi è distinto e costrutto.

A Dio, a sè, al prossimo si puone
Far forza : dico in loro, e in le lor cose,
Come udirai con aperta ragione.

Ainsi parla le maître, et moi : « Par ta parole,
Fais que le temps au moins sans profit ne s'envole. »
« Oui, » reprit-il, « tu vois que j'y pense, mon fils ! »

Puis, après une pause : « En ces rocheux abîmes
Sont trois cercles, pareils aux autres que nous vîmes,
Étagés l'un sur l'autre et toujours plus petits.

Tous sont chargés d'esprits que le ciel dut maudire.
Pour qu'un simple coup d'œil puisse après te suffire,
Apprends quel est le crime, et quel le châtiment !

Des péchés que poursuit la colère céleste
L'injustice est le terme, et, ce terme funeste,
On l'atteint par la fourbe ou bien violemment.

La fourbe, vice propre à l'humaine nature,
Fait plus horreur à Dieu : les hommes d'imposture
Gisent donc tout en bas et sont plus torturés.

Ce premier cercle entier est pour les violences ;
Mais comme dans ce crime il est des différences,
Ainsi que le péché le cercle a trois degrés.

On agit en effet contre l'Être suprême
Ou contre le prochain ou bien contre soi-même,
Frappant personne et biens, comme tu vas le voir.

Morte per forza, e ferute dogliose
Nel prossimo si danno; e nel suo avere
Ruine, incendii, e collette dannose:

Onde omicidi, e ciascun che mal fiere,
Guastatori, e predon tutti tormenta
Lo giron primo per diverse schiere.

Puote uomo avere in sè man violenta,
E ne' suoi beni; e però nel secondo
Giron convien che senza pro si penta

Qualunque priva sè del vostro mondo,
Biscazza, e fonde la sua facultade;
E piange là dove esser dee giocondo.

Puossi far forza nella Deitade,
Col cuor negando e bestemmiando quella
E spregiando Natura, e sua bontade:

E però lo minor giron suggella
Del segno suo e Soddoma, e Caorsa,
E chi, spregiando Dio, col cuor favella.

La frode, ond' ogni coscienza è morsa,
Può l'uomo usare in colui, che si fida,
E in quello che fidanza non imborsa.

CHANT XI.

On donne à son prochain d'une main violente
Le coup de mort, souvent la blessure plus lente.
Feu, rapt, exactions, attaquent son avoir.

Or, ceux qui se sont teints de sang, les homicides,
Les hommes de ravage et les brigands avides,
Souffrent séparément dans le premier degré.

L'homme peut, sur soi-même usant de violence,
Sur son corps ou ses biens exercer sa démence ;
C'est au second degré que gît désespéré

Quiconque s'est privé d'une vie importune,
Ou bien aux quatre vents a jeté sa fortune
Et pleuré dans le monde au lieu d'y vivre heureux.

L'homme fait violence à Dieu quand en soi-même
Il l'ose renier ou tout haut le blasphème,
Qu'il blesse la nature et ses dons généreux.

Or le plus bas degré renferme en son orbite
L'usurier de Cahors avec le sodomite
Et tous les cœurs par qui Dieu fut injurié.

Pour la Fourbe, remords de toute conscience,
Tantôt elle trahit la sainte confiance,
Tantôt elle surprend qui ne s'est pas fié.

Questo modo di retro par ch' uccida
Pur lo vincol d' amor, che fa Natura;
Onde nel cerchio secondo s' annida

Ipocrisia, lusinghe, e chi affattura,
Falsità, ladroneccio, e simonia,
Ruffian, baratti, e simile lordura,

Per l' altro modo quell' amor s' obblia,
Che fa Natura, e quel, ch' e poi aggiunto,
Di che la fede spezial si cria :

Onde nel cerchio minore, ov' è 'l punto
Dell' universo, in su che Dite siede,
Qualunque trade in eterno è consunto.

Ed io : Maestro, assai chiaro procede
La tua ragione, ed assai ben distingue
Questo baratro, e 'l popol, che 'l possiede.

Ma dimmi : quei della palude pingue,
Che mena 'l vento, e che batte la pioggia,
E che s' incontran con sì aspre lingue,

Perchè non dentro della Città roggia
Son ei puniti, se Dio gli ha in ira?
E se non gli ha, perchè sono a tal foggia?

Elle ne brise alors, moins coupable imposture,
Que ce lien d'amour forgé par la Nature.
Or donc le second cercle enferme en son giron

L'hypocrisie infâme avec la flatterie,
Simonie et larcin, faux et sorcellerie,
Escrocs, entremetteurs, et semblable limon.

Mais la première Fourbe attaque plus impure,
Outre ce nœud d'amour qu'a forgé la Nature,
Cet autre qui s'y joint plus doux et plus sacré.

Aussi c'est tout au fond de l'enceinte profonde,
Dernier cercle où Dité siége au centre du monde,
C'est là que gît le traître à jamais torturé. »

— « Tes explications sont précises, ô maître, »
Dis-je alors ; « tu m'as fait on ne peut mieux connaître
Les cercles de ce gouffre avec ses habitants.

Mais, dis-moi, ceux qui sont dans le grand lac de boue,
Ceux qu'abîme la pluie ou dont le vent se joue,
Qui se heurtent avec des accents insultants,

Pourquoi s'ils ont de Dieu soulevé la Justice,
Dans la cité du feu n'ont-ils pas leur supplice?
Sinon, ces malheureux, pourquoi sont-ils frappés? »

Ed egli a me : perchè tanto delira,
Disse, lo 'ngegno tuo da quel ch' e' suole,
Ovver la mente dove altrove mira?

Non ti rimembra di quelle parole,
Con le quai la tua Etica pertratta
Le tre disposizion, che 'l Ciel non vuole;

Incontinenza, malizia, e la matta
Bestialitade? e come incontinenza
Men Dio offende, e men biasimo accatta?

Se tu riguardi ben questa sentenza,
E rechiti alla mente chi son quelli,
Che su di fuor sostengon penitenza,

Tu vedrai ben perchè da questi felli
Sien dipartiti, e perchè men crucciata
La divina Giustizia gli martelli.

O Sol, che sani ogni vista turbata,
Tu mi contenti sì, quando tu solvi,
Che, non men che saver, dubbiar m' aggrata.

Ancora un poco 'ndietro ti rivolvi,
Diss' io, là dove di', ch' usura offende
La divina Bontade, e 'l groppo svolvi.

Et lui me répondit : « Vraiment, c'est chose rare
Que ton esprit délire à ce point et s'égare :
A moins que tes pensers ailleurs soient occupés.

Ne te souvient-il plus déjà de ce passage
Du traité de l'*Éthique* où disserte le Sage
Des trois mauvais penchants que réprouve le ciel :

Malice, incontinence et fureur bestiale,
Et que l'incontinence est toujours moins fatale,
Moins maudite de Dieu, quoique péché mortel?

Si tu veux bien peser de près cette sentence
Et te rappeler ceux qui font leur pénitence
Hors d'ici, dans les lieux que nous avons passés,

Tu comprendras pourquoi de la race perfide
Dieu les a séparés, justice moins rigide
Qui du marteau pourtant frappe ces insensés. »

— « O soleil qui toujours as brillé sur ma route,
Tu m'éclaires si bien, quand tu lèves un doute,
Que j'aime presque autant douter que de savoir!

Une pensée encore est demeurée obscure :
C'est à Dieu, disais-tu, que s'attaque l'usure;
Explique cette énigme où je ne saurais voir. »

Filosofia, mi disse, a chi l' attende,
Nota, non pure in una sola parte,
Come Natura lo suo corso prende

Dal divino 'ntelletto, e da sua arte:
E se tu ben la tua Fisica note,
Tu troverai non dopo molte carte,

Che l' arte vostra quella, quanto puote,
Segue, come 'l maestro fa il discente,
Sì che vostr' arte a Dio quasi è nipote.

Da queste due, se tu ti rechi a mente
Lo Genesi dal principio, convene
Prender sua vita, ed avanzar la gente.

E perchè l' usuriere altra via tiene,
Per sè Natura, e per la sua seguace
Dispregia, poichè in altro pon la spene.

Ma seguimi oramai, che 'l gir mi piace,
Che i Pesci guizzan su per l' orizzonta,
E 'l Carro tutto sovra 'l Coro giace,

E 'l balzo via là oltre si dismonta.

— « De la philosophie, à qui bien l'étudie,
Il ressort, » me dit-il, « et dans mainte partie,
Que la mère Nature est émanée un jour

De l'intellect divin et de son art unique ;
Et si tu veux jeter les yeux sur ta *physique* (2),
Dès les premiers feuillets tu verras qu'à son tour

La Nature est le sein d'où l'Art mortel dut naître,
Qu'il la suit comme fait un élève son maître,
Si bien que l'art humain est presque enfant de Dieu.

A ce double foyer de l'Art, de la Nature,
Comme tu l'as pu voir dans la sainte Écriture,
L'homme doit se nourrir en amassant un peu.

Par un autre chemin l'usurier marche et gagne;
Dédaignant la Nature et l'Art qui l'accompagne,
Sur d'autres fondements son espoir est placé.

Mais suis-moi, nous pouvons marcher en confiance :
Le signe des Poissons à l'horizon s'avance (3) ;
Le Chariot sur Corus est couché renversé,

Et, plus loin, le rocher semble comme abaissé. »

NOTES DU CHANT XI.

1. Ce fut l'empereur Anastase, non le pape du même nom et son contemporain, qui adopta l'hérésie du diacre Photin. Les commentateurs ont relevé cette erreur historique et supposent que Dante a été trompé par la chronique du frère Martin de Pologne.

2. La *Physique* d'Aristote.

3. Le poëte est entré en Enfer le Vendredi-Saint 1300. Il y est entré le soir (voir chant II, p. 19). Maintenant il annonce l'aurore..Le soleil était alors dans le Bélier, signe qui suit celui des Poissons. Les Poissons, se levant à l'horizon, annonçaient donc le lever du soleil; et le Chariot ou la Grande-Ourse se renversait sur le Corus, c'est-à-dire se plaçait au nord-ouest, où souffle ce vent.

ARGUMENT DU CHANT XII.

Entré dans le premier des trois degrés qui divisent le septième cercle, le Minotaure qui en garde les abords, est écarté par Virgile. Là, les âmes de ceux qui furent violents contre le prochain, sont plongées dans une fosse remplie de sang bouillant. Au bord courent les Centaures tout armés, et percent de leurs flèches celles qui tentent d'en sortir. L'un d'eux accompagne les deux poëtes le long des rives, leur nommant çà et là les coupables damnés, brigands, assassins et tyrans, et leur fait passer à gué la fosse sanglante.

CANTO DECIMOSECONDO

Era lo loco, ove a scender la riva
Venimmo, alpestro, e per quel ch' iv' er' anco,
Tal, ch' ogni vista ne sarebbe schiva.

Qual' è quella ruina, che nel fianco
Di qua da Trento l' Adice percosse,
O per tremuoto, o per sostegno manco;

Che da cima del monte, onde si mosse,
Al piano è sì la roccia discoscesa,
Ch' alcuna via darebbe a chi su fosse;

CHANT DOUZIÈME

La descente du roc à peine praticable
Nous offrait un obstacle encor plus redoutable,
Tel qu'on ne peut le voir sans épouvantement.

Comme cette ruine, incroyable prodige,
Qui soudain près de Trente au flanc frappa l'Adige,
S'effondrant d'elle-même ou par un tremblement;

De la cime du mont cette roche écroulée,
Descend tout escarpée au fond de la vallée,
Et le pâtre au sommet hésite suspendu;

Cotal di quel burrato era la scesa :
E 'n su la punta della rotta lacca
L' infamia di Creti era distesa,

Che fu concetta nella falsa vacca :
E quando vide noi, se stessa morse,
Sì come quei, cui l' ira dentro fiacca.

Lo Savio mio in ver lui gridò : forse
Tu credi, che qui sia 'l Duca d' Atene,
Che su nel mondo la morte ti porse ?

Partiti, bestia, che questi non viene
Ammaestrato dalla tua sorella,
Ma viensi per veder le vostre pene.

Qual è quel toro, che si slaccia in quella
Ch' ha ricevuto già 'l colpo mortale,
Che gir non sa, ma quà e là saltella ;

Vid' io lo Minotauro far cotale.
E quegli accorto gridò : corri al varco ;
Mentre ch' è 'n furia, è buon che tu ti cale.

Così prendemmo via giù per lo scarco
Di quelle pietre che spesso moviènsi,
Sotto i miei piedi per lo nuovo carco.

Ainsi le précipice où nous devions descendre,
Et, sur le roc béant, comme pour le défendre,
Le fléau des Crétois (1) se tenait étendu.

Ce monstre que conçut une fausse génisse,
En nous voyant venir au bord du précipice,
Comme un homme étouffant dans sa rage, il se mord.

Mon sage lui cria de loin : « Tu crois peut-être
Que tu vois devant toi ton vainqueur apparaître,
Le Monarque athénien qui t'a donné la mort?

Fuis, monstre! A ce mortel que dans ces lieux je guide,
Ta sœur ne donna point de leçon homicide.
Il vient ici pour voir vos justes châtiments. »

Comme un taureau blessé fléchit, tête abattue,
Du côté qu'a frappé la hache qui le tue,
Et bondit convulsif à ses derniers moments;

Tel je vis chanceler l'horrible Minotaure.
Et Virgile aussitôt : « La fureur le dévore,
Profitons-en, cours vite à l'entrée, et descends. »

Nous avançâmes donc par l'affreuse carrière;
Sans cesse sous mes pieds s'ébranlait quelque pierre,
Quelque amas de cailloux sous mon poids s'affaissants.

Io già pensando; e quei disse : tu pensi
Forse a questa rovina, ch' è guardata
Da quell' ira bestial, ch' io ora spensi.

Or vo' che sappi, che l' altra fiata,
Ch' io discesi quaggiù nel basso 'nferno,
Questa roccia non era ancor cascata.

Ma certo poco pria, se ben discerno,
Che venisse Colui, che la gran preda
Levò a Dite del cerchio superno,

Da tutte parti l' alta valle feda
Tremò sì, ch' io pensai che l' universo
Sentisse amor, per lo quale è chi creda

Più volte 'l mondo in caos converso :
Ed in quel punto questa vecchia roccia
Quì, ed altrove più, fece riverso.

Ma ficca gli occhi a valle; chè s' approccia
La riviera del sangue, in la qual bolle
Qual, che per violenza in altrui noccia.

O cieca cupidigia, o ira folle,
Che sì ci sproni nella vita corta,
E nell' eterna poi sì mal c' immolle!

Je marchais tout rêveur, et lui : « Je te devine, »
Dit-il, « tu réfléchis encore à la ruine
Que garde ce démon à ma voix musclé.

Or il te faut savoir que, du temps où mon ombre
Pour la première fois dans l'enfer le plus sombre
Descendit, ce rocher n'était pas écroulé.

Peu de temps seulement, si j'ai bonne mémoire,
Avant que le Sauveur resplendissant de gloire
Ne vint ravir du Limbe une proie à Dité,

De toutes parts trembla cette vallée immonde,
Et si profondément, que je crus bien le monde
En proie au mal d'amour, qui fait qu'on a douté

Si dans le noir chaos plusieurs fois il ne rentre.
C'est dans ce moment-là que, s'écroulant sur l'antre,
Tomba ce vieux rocher que tu vois aujourd'hui.

Mais plonge maintenant tes yeux dedans le gouffre !
Vois ce fleuve de sang dans lequel bout et souffre
Tout mortel violent qui fit souffrir autrui.

Oh, folle passion ! oh ! l'aveugle colère
Qui nous subjugue ainsi dans la vie éphémère,
Et pour jamais nous trempe en ce gouffre maudit !

16.

Io vidi un' ampia fossa in arco torta,
Come quella, che tutto il piano abbraccia,
Secondo ch' avea detto la mia scorta :

E tra 'l piè della ripa ed essa, in traccia
Correan Centauri armati di saette,
Come solean nel mondo andare a caccia.

Vedendoci calar, ciascun ristette,
E della schiera tre si dipartiro
Con archi, ed asticciuole prima elette.

E l' un gridò da lungi : a qual martiro
Venite voi, che scendete la costa?
Ditel constinci, se non, l' arco tiro.

Lo mio Maestro disse : la risposta
Farem noi a Chiron costà di presso :
Mal fu la voglia tua sempre sì tosta.

Poi mi tentò, e disse : quegli è Nesso,
Che morì per la bella Deianira,
E fe' di se la vendetta egli stesso.

E quel di mezzo, che al petto si mira,
È il gran Chirone, che nudrio Achille :
Quell' altro è Folo, che fù sì pien d' ira.

J'aperçus une fosse énorme, en arc tendue,
Du gouffre tout entier ensorrant l'étendue,
Et telle, en ses contours, que mon guide avait dit.

Au bord, au pied du roc, les Centaures agiles,
De leurs flèches armés, couraient en longues files,
Ainsi que sur la terre ils chassaient dans les bois.

En nous voyant descendre, ensemble ils s'arrêtèrent;
Trois d'entre eux de la bande alors se détachèrent,
L'arc en main et le trait déjà hors du carquois.

L'un d'eux cria de loin : « Quelle fut votre faute?
Et pour quel châtiment descendez-vous la côte?
Dites, sans faire un pas, ou je tire à l'instant. »

— « Je vois le grand Chiron, ici près, » dit mon maître.
« A lui dans un moment nous nous ferons connaître ;
Tu sais bien ce que t'a coûté ce cœur bouillant !

Et du coude il me pousse, et tout bas de me dire :
« C'est Nessus, qui ravit la belle Déjanire
Et de sa propre mort fut un cruel vengeur.

Et cet autre au milieu, qui le front penché, rêve,
C'est Chiron, dont Achille autrefois fut l'élève ;
Le troisième est Pholus, terrible en sa fureur.

Dintorno al fosso vanno a mille a mille,
Saettando quale anima si svelle
Del sangue più che sua colpa sortille.

Noi ci appressammo a quelle fiere snelle :
Chiron prese uno strale, e con la cocca
Fece la barba indietro alle mascelle.

Quando s' ebbe scoperta la gran bocca,
Disse a' compagni : siete voi accorti,
Che quel di retro muove ciò che tocca ?

Così non soglion fare i piè de' morti,
E 'l mio buon Duca, che già gli era al petto,
Ove le due nature son consorti,

Rispose : ben è vivo, e sì soletto
Mostrargli mi convien la valle buia :
Necessità 'l c' induce, e non diletto.

Tal si partì da cantare alleluia,
Che mi commise quest' uficio nuovo,
Non è ladron, nè io anima fuia.

Ma per quella virtù, per cu' io muovo
Li passi miei per sì selvaggia strada,
Danne un de' tuoi, a cui noi siamo a pruovo,

A l'entour de la fosse ils vont par mille et mille,
Transperçant de leurs traits tout pécheur indocile
Qui sort plus qu'il ne doit du sanglant réservoir. »

Lors mon guide avec moi de ces monstres s'approche.
Chiron prend une flèche en main, et, de la coche,
Il relève sa barbe au poil épais et noir,

Et découvrant avec lenteur sa large bouche :
«Compagnons, l'un des deux fait mouvoir ce qu'il touche,»
Dit-il, « le voyez-vous ? Il marche le second. »

Or ce n'est pas ainsi qu'un pied d'ombre chemine.
Mon guide qui touchait à peine à sa poitrine
Où l'homme, dans le monstre, au cheval se confond,

Répondit : « En effet, c'est qu'il est bien en vie.
C'est moi qui le dirige en la vallée impie ;
Et la nécessité l'a conduit aux enfers.

Telle a cessé son hymne en la sainte milice
Pour venir me commettre à ce nouvel office ;
Ni ce mortel ni moi ne sommes des pervers.

Mais, par ce pouvoir saint qui nous fit entreprendre
La route si terrible où tu nous vois descendre,
Donne-nous un des tiens pour avec nous aller !

E che ne mostri là dove si guada,
E che porti costui in su la groppa,
Ch' ei non è spirto, che per l' aere vada.

Chiron si volse in su la destra poppa,
E disse a Nesso : torna, e sì gli guida,
E fa cansar, s' altra schiera s' intoppa.

Or ci movemmo con la scorta fida
Lungo la proda del bollor vermiglio,
Ove i bolliti facean alte strida.

Io vidi gente sotto infino al ciglio;
E 'l gran Centauro disse : ei son tiranni,
Che dier nel sangue, e nell' aver di piglio.

Quivi si piangon gli spietati danni :
Quiv' è Alessandro, e Dionisio fero,
Che fe' Cicilia aver dolorosi anni :

E quella fronte, ch' ha 'l pel così nero,
È Azzolino; e quell' altro, ch' è biondo,
È Obizzo da Esti, il qual per vero

Fu spento dal figliastro su nel mondo.
Allor mi volsi al Poeta, e quei disse :
Questi ti sia or primo, ed io secondo.

CHANT XII. 191

Qui nous montre l'endroit où le fleuve est guéable,
Ou tende à mon ami sa croupe secourable !
Ce n'est pas un esprit, pour dans les airs voler. »

Alors Chiron : « Eh bien, toi, conduis ce voyage !
Fais ranger qui voudrait leur barrer le passage ! »
Dit-il, en se tournant à droite vers Nessus.

Confiés à ce guide alors nous avançâmes,
En côtoyant les bords de ce fleuve où les âmes
Écumant dans le sang poussaient des cris aigus.

Plusieurs étaient plongés jusques à la paupière :
« Ce sont, » nous dit Nessus, les tyrans cœurs de pierre. »
De sang et de rapine ils ont vécu toujours.

C'est ici que gémit le crime impitoyable :
Alexandre (2), et Denys le tyran intraitable
Et sous qui la Sicile a vu de sombres jours.

Ce crâne dont tu vois la chevelure noire
C'est Ezzelin (3), et là dans la même écumoire
Obizzo d'Est (4), celui dont le crâne est tout blond.

Il fut vraiment tué par un bras parricide. »
Je regardai Virgile ; il dit : « Crois-en ce guide ;
Je ne suis maintenant ton maître qu'en second.

Poco più oltre 'l Centauro s' affisse
Sovr' una gente, ch 'nfino alla gola
Parea che di quel bulicame uscisse.

Mostrocci un' ombra dall' un canto sola,
Dicendo: colui fesse in grembo a Dio
Lo cuor, che 'n su 'l Tamigi ancor si cola.

Poi vidi genti, che fuori del rio
Tenean la testa, e ancor tutto 'l casso:
E di costoro assai riconobb' io.

Così a più a più si facea basso
Quel sangue sì, che copria pur li piedi:
E quivi fu del fosso il nostro passo.

Siccome tu da questa parte vedi
Lo bulicame, che sempre si scema,
Disse 'l Centauro, voglio che tu credi,

Che da quest' altra più e più giù prema
Il fundo suo, infin che si raggiunge
Ove la tirannia convien che gema.

La divina Giustizia di qua punge
Quell' Attila, che fu fiagello in Terra,
E Pirro, e Sesto; ed in eterno munge

CHANT XII.

A quelques pas plus loin le Centaure s'arrête
Devant d'autres damnés dont on voyait la tête
Saillir entièrement hors du fleuve écumeux.

— « Cette ombre, nous dit-il, qui pleure solitaire (5)
A percé devant Dieu le cœur que l'Angleterre
Garde sur la Tamise avec un soin pieux. »

Et puis d'autres damnés venaient ; la tête entière
Et la moitié du corps sortaient de la rivière.
Je reconnus ainsi les traits de plus d'un mort.

Et le niveau de sang, déclinant davantage,
Ne couvrit à la fin que leurs pieds : du rivage
Nous pûmes sans danger passer à l'autre bord.

— « Par ici, tu le vois, de ce torrent qui gronde
Le lit monte toujours, et l'onde est moins profonde, »
Dit le Centaure ; « eh bien, il te reste à savoir

Que de l'autre côté l'eau descend davantage
Jusqu'à ce fond sanglant où noyé dans sa rage
Le tyran condamné doit pleurer sans espoir.

C'est là, dans cet endroit de l'immense cratère
Que Dieu plonge Attila le fléau de la terre,
Et Pyrrhus et Sextus (6), et pour l'éternité

17

Le lagrime, che col bollor disserra
A Rinier da Corneto, a Rinier Pazzo,
Che fecero alle strade tanta guerra:

Poi si rivolse, e ripassossi 'l guazzo.

Chaque bouillonnement arrache un flot de larmes
A René de Cornète et Pazzi, frères d'armes,
Brigands dont ton pays fut longtemps infesté. »

Il dit, et repassa le fleuve ensanglanté.

NOTES DU CHANT XII.

1. Le Minotaure, tué par Thésée.

2. Alexandre de Phères, tyran de Thessalie.

3. Ezzelin, seigneur de la Marche de Trévise, mort en 1260.

4. Obizzo d'Est, marquis de Ferrare, étouffé, dit-on, par son propre fils.

5. Gui de Montfort, qui pour venger la mort de Simon son père, tué par Édouard, assassina, en 1271, dans une église de Viterbe, Henri frère d'Édouard, pendant la célébration de la messe, au moment où le prêtre élevait l'hostie. On érigea, en Angleterre, une statue au prince assassiné. Sa main droite tenait un vase qui renfermait son cœur.

6. Sextus, fils de Tarquin, ou Sextus, fils de Pompée?

ARGUMENT DU CHANT XIII.

Entrée dans le second degré du cercle de la violence, où sont châtiés ceux qui furent violents contre eux-mêmes : suicides et dissipateurs insensés. Les âmes des suicides sont emprisonnées dans des arbres et dans des buissons où les Harpies font leur nid et dont elles dévorent le feuillage. En effet, Dante ayant arraché une branche d'un de ces arbres, le tronc saigne et une voix plaintive s'en échappe, la voix de Pierre des Vignes qui raconte son histoire, sa mort volontaire et son châtiment. Un peu plus loin, le poëte voit des ombres poursuivies et mises en pièces par des chiennes furieuses : c'est le supplice infligé aux dissipateurs ; il reconnaît le Siennois Lano et le Padouan Jacques de Saint-André. Ce dernier a cherché un vain refuge derrière un buisson. Le buisson, qui renferme un suicide, devient lui-même la proie des chiens.

CANTO DECIMOTERZO

Non era ancor di là Nesso arrivato,
Quando noi ci mettemmo per un bosco,
Che da nessun sentiero era segnato.

Non frondi verdi, ma di color fosco;
Non rami schietti, ma nodosi e' nvolti;
Non pomi v'eran, ma stecchi con tosco.

Non han sì aspri sterpi, nè sì folti
Quelle fiere selvagge, che 'n odio hanno
Tra Cecina e Corneto i luoghi colti.

Quivi le brutte Arpie lor nidi fanno,
Che cacciàr delle Strofade i Troiani,
Con tristo annunzio di futuro danno.

CHANT TREIZIÈME

Nessus ne touchait pas encor l'autre rivage,
Quand nous pénétrions dans un bois tout sauvage,
Et qui ne paraissait marqué d'aucun sentier.

La couleur du feuillage était sombre et foncée;
Chaque branche de nœuds, d'épines hérissée,
Portait, au lieu de fruits, un poison meurtrier.

Ils n'ont pas de fourrés si profonds, ni si rudes,
Les animaux qui vont chercher les solitudes
Non loin de la Cécine (1) et de ses bords ombreux.

C'est là que font leur nid ces monstres, les Harpies,
Qui chassèrent jadis des Strophades fleuries
Les Troyens effrayés de leur présage affreux.

Ali hanno late, e colli, e visi umani,
Piè con artigli, e pennuto 'l gran ventre:
Fanno lamenti in su gli alberi strani.

E 'l buon Maestro: prima che più entre,
Sappi che se' nel secondo girone,
Mi cominciò a dire, e sarai, mentre

Che tu verrai nell' orribil sabbione.
Però riguarda bene, e sì vedrai
Cose che daran fede al mio sermone.

Io sentia già d' ogni parte trar guai,
E non vedea persona, che 'l facesse:
Perch' io tutto smarrito m' arrestai.

Io credo, ch' ei credette, ch' io credesse,
Che tante voci uscisser tra que' bronchi
Da gente, che per noi si nascondesse.

Però disse 'l Maestro, se tu tronchi
Qualche fraschetta d' una d' este piante,
Li pensier, ch' hai, si faran tutti monchi.

Allor pors' io la mano un poco avante,
E colsi un ramicello d' un gran pruno,
E 'l tronco suo gridò: perchè mi schiante?

CHANT XIII.

On peut les reconnaître à leurs ailes énormes,
A leur col, à leur ventre, à leurs serres difformes ;
Sur ces arbres hideux elles poussent des cris.

Et mon bon maître : « Il faut tout d'abord te l'apprendre :
Au deuxième degré nous venons de descendre ;
Il nous faudra rester sous ses tristes abris

Jusqu'au seuil plus horrible où commencent les sables.
Regarde ! tu verras des choses effroyables,
Et tu croiras peut-être à tout ce que j'ai dit. »

Déjà, de tous côtés, l'air de plaintes résonne.
J'écoutais, je cherchais, et ne voyais personne,
Et ce bruit me faisait m'arrêter, interdit.

Il crut que je croyais (2) que ces cris ineffables
Retentissaient, poussés par des ombres coupables
Qui se cachaient de nous dans le branchage épais.

Et, dans cette croyance, il me dit : « Si tu cueilles
Un rameau seulement au milieu de ces feuilles,
Tu verras tes pensers étrangement trompés. »

Moi, la main étendue en avant, je me penche,
Et détache d'un arbre une petite branche ;
Le tronc crie aussitôt : « Ah ! pourquoi m'arracher ? »

Da che fatto fu poi di sangue bruno,
Ricominciò a gridar : perchè mi scerpi ?
Non hai tu spirto di pietate alcuno ?

Uomini fummo, ed or sem fatti sterpi :
Ben dovrebb' esser la tua man più pia,
Se stati fossim' anime di serpi.

Come d' un stizzo verde, ch' arso sia
Dall' un de' capi, che dall' altro geme,
E cigola per vento che va via ;

Così di quella scheggia usciva insieme
Parole, e sangue ; ond' io lasciai la cima
Cadere, e stetti come l' uom, che teme.

S' egli avesse potuto creder prima,
Rispose 'l Savio mio, anima lesa,
Ciò, ch' ha veduto pur con la mia rima,

Non averebbe in te la man distesa ;
Ma la cosa incredibile me fece
Indurlo ad ovra, ch' a me stesso pesa.

Ma dilli chi tu fosti, sì che 'n vece
D' alcuna ammenda, tua fama rinfreschi
Nel mondo su, dove tornar gli lece.

CHANT XIII.

Tandis que d'un sang noir l'écorce se colore,
« Pourquoi me déchirer? » répète-t-il encore ;
« O cruel, et ton cœur est-il donc de rocher ? »

Nous fûmes autrefois des hommes, tes semblables,
Et plus que des serpents fussions-nous méprisables,
Tu devais être encor pour nous compatissant. »

Ainsi qu'un tison vert qu'on présente à la flamme :
Tandis que, sous le vent, un bout pétille et brame,
La sève à l'autre bout dégoutte en gémissant ;

Ainsi tout à la fois, et le sang et la plainte
S'échappaient de ce tronc, et, comme pris de crainte,
Je laissai de mes mains retomber le rameau.

Mon sage répondit : « O pauvre âme blessée,
S'il eût pu tout d'abord admettre en sa pensée
Ces tourments dont mes vers lui faisaient le tableau,

Il n'aurait pas sur toi porté sa main cruelle ;
Mais cette étrangeté d'une douleur réelle
M'a fait lui conseiller un coup dont je gémis.

Va, dis-lui qui tu fus, et, sachant ton histoire,
En échange il pourra rafraîchir ta mémoire
Dans le monde où pour lui le retour est permis. »

E 'l tronco : sì col dolce dir m' adeschi,
Ch' i' non posso tacere; e voi non gravi
Perch' io un poco a ragionar m' inveschi.

Io son colui, che tenni ambo le chiavi
Del cuor di Federigo, e che le volsi,
Serrando e disserrando, sì soavi,

Che dal segreto suo quasi ogni uom tolsi :
Fede portai al glorioso ufizio,
Tanto, ch' io ne perdei lo sonno e i polsi.

La meretrice, che mai dall' ospizio
Di Cesare non torse gli occhi putti,
Morte comune, e delle Corti vizio,

Infiammò contra me gli animi tutti,
E gl' infiammati infiammâr sì Augusto,
Che i lieti onor tornaro in tristi lutti.

L' animo mio per disdegnoso gusto,
Credendo col morir fuggir disdegno,
Ingiusto fece me contra me giusto.

Per le nuove radici d' esto legno
Vi giuro, che giammai non ruppi fede
Al mio Signor, che fu d' onor sì degno.

CHANT XIII.

— « Puis-je me taire après ta parole engageante? »
Répondit l'arbre, « et soit votre oreille indulgente,
Si je m'oubliais trop à vous entretenir.

Ami de Frédéric (3), j'ai tenu sur la terre
Les deux clefs de son cœur, et d'une main légère
Si douces les tournai, pour fermer, pour ouvrir,

Que personne après moi n'approchait de son âme.
Honneur dont j'étais fier! De mon zèle la flamme
Me faisait oublier dormir et respirer.

Mais cette courtisane, odieuse et funeste,
A l'œil louche et vénal, cette commune peste
Qu'au palais des Césars on vit toujours errer (4),

Contre moi dans les cœurs sema la haine injuste.
Cette haine alluma la haine aussi d'Auguste,
Et mes riants honneurs se changèrent en deuil.

Mon âme à ce moment se dégoûta du monde,
Je crus fuir dans la mort cette douleur profonde,
Et m'ouvris, innocent, un coupable cercueil.

Par ces tendres rameaux, jamais, je vous le jure,
Je n'ai brisé le nœud de cette foi si pure
Que j'ai donnée au prince illustre et respecté.

E se di voi alcun nel mondo riede,
Conforti la memoria mia, che giace
Ancor del colpo, che 'nvidia le diede.

Un poco attese, e poi : da ch' ei si tace,
Disse 'l Poeta a me, non perder l' ora,
Ma parla, e chiedi a lui, se più ti piace.

Ond' io a lui : dimandal tu ancora
Di quel, che credi, ch' a me soddisfaccia,
Ch' io non potrei, tanta pietà m' accora.

Però ricominciò : se l' uom ti faccia
Liberamente ciò, che 'l tuo dir prega,
Spirito 'ncarcerato, ancor ti piaccia

Di dirne come l' anima si lega
In questi nocchi ; e dinne, se tu puoi,
S' alcuna mai da tai membra si spiega.

Allor soffiò lo tronco forte, e poi
Si convertì quel vento in cotal voce :
Brevemente sarà risposto a voi.

Quando si parte l' anima feroce
Dal corpo, ond' ella stessa s' è disvelta,
Minos la manda alla settima foce.

CHANT XIII.

Et si l'un de vous deux sur la terre remonte,
Qu'il relève mon nom de cette injuste honte;
Car il gît sous le coup que l'envie a porté! »

Le poëte attendit un instant en silence.
— « Si tu veux lui parler, » dit-il, « l'heure s'avance ;
Satisfais sans tarder ta curiosité. »

— « Ah! s'il est une chose encore que j'ignore,
Parle toi-même, » dis-je, « et l'interroge encore,
Car moi je ne pourrais, tant je suis attristé! »

Virgile alors reprit : « Si, de retour sur terre,
Cet homme dignement exauce ta prière,
Esprit captif, veux-tu de même l'obliger ?

Dis-nous comme il se fait que des âmes coupables
Se peuvent enfermer dans ces nœuds misérables,
Et si nulle jamais ne peut s'en dégager ? »

Alors le tronc souffla bruyamment, souffle étrange !
Cette haleine exhalée en parole se change.
« Je vais à votre vœu répondre en peu de mots :

L'âme, quand elle quitte, en sa fureur extrême,
Le corps dont elle s'est détachée elle-même,
Choit au septième cercle où la plonge Minos.

Cade in la selva, e non l' è parte scelta;
Ma là, dove Fortuna la balestra,
Quivi germoglia, come gran di spelta.

Surge in vermena, ed in pianta silvestra:
L' Arpie, pascendo poi delle sue foglie,
Fanno dolore, ed al dolor finestra.

Come l' altre, verrem per nostre spoglie;
Ma non però ch' alcuna sen rivesta;
Chè non è giusto aver ciò co' uom si toglie.

Qui le strascineremo, e per la mesta
Selva saranno i nostri corpi appesi,
Ciascuno al prun dell' ombra sua modesta.

Noi eravamo ancora al tronco attesi,
Credendo ch' altro ne volesse dire,
Quando noi fummo d' un romor sorpresi,

Similemente a colui, che venire
Sente 'l porco, e la caccia a la sua posta,
Ch' ode le bestie e le frasche stormire.

Ed ecco due dalla sinistra costa
Nudi, e graffiati, fuggendo sì forte,
Che della selva rompieno ogni rosta.

Elle tombe en ce bois, dans tel lieu, dans tel autre,
Et tombée, elle germe ainsi qu'un grain d'épeautre,
Dans le premier endroit où la jette le sort.

Sa tige croît : bientôt c'est un arbre sauvage
Dont la Harpie accourt dévorer le feuillage ;
L'arbre souffre et gémit sous l'oiseau qui le mord.

Un jour nous reprendrons nos corps comme les autres ;
Mais nous ne pourrons pas nous revêtir des nôtres,
Pour expier le tort de les avoir perdus.

Il faudra les traîner ici dans ce bois sombre
Nous-mêmes, jusqu'à l'arbre où soupire notre ombre.
Et là, tristes lambeaux, nous les verrons pendus. »

Nous écoutions encor cette âme, tronc sauvage,
Croyant qu'elle voulait en dire davantage,
Quand nous fûmes surpris par un bruit effrayant.

Tel un chasseur distrait entend à l'improviste
Le sanglier qui vient et les chiens sur sa piste,
Le branchage qui craque et la meute aboyant.

Sur la gauche, voilà que deux ombres sanglantes,
Le corps nu, dépouillé, s'enfuyaient haletantes
A travers les rameaux et les ronces brisés.

18.

Quel dinanzi : ora accorri, accorri, Morte;
E l'altro, a cui pareva tardar troppo,
Gridava : Lano, sì non furo accorte

Le gambe tue alle giostre del Toppo :
E poichè forse gli fallia la lena,
Di sè, e d'un cespuglio fece un groppo.

Dirietro a loro era la selva piena
Di nere cagne, bramose e correnti
Come veltri ch'uscisser di catena.

In quel che s'appiattò miser li denti,
E quel dilaceraro a brano a brano ;
Poi sen portâr quelle membra dolenti.

Presemi allor la mia Scorta per mano,
E menommi al cespuglio, che piangea,
Per le rotture sanguinenti, invano.

O Iacopo, dicea, da Sant' Andrea,
Che t'è giovato di me fare schermo ?
Che colpa ho io della tua vita rea ?

Quando 'l Maestro fu sovr' esso fermo,
Disse · chi fusti, che per tante punte
Soffi col sangue doloroso sermo ?

CHANT XIII.

Le premier s'écriait : « Viens, Mort, viens tout de suite ! »
L'autre, qui lui semblait ne pas fuir assez vite,
Criait : « Lano, tes pieds furent moins avisés

Au combat de Tappo, la terrible bataille !... »
Mais le souffle lui manque, et dans une broussaille
Je le vis tout à coup tomber et se cacher.

Derrière eux la forêt de chiennes était pleine,
Noires, et qui couraient avides, hors d'haleine,
Comme des lévriers que l'on vient de lâcher.

Et tout droit au buisson, sur l'ombre infortunée,
Se jette à belles dents cette meute acharnée,
Et la met en lambeaux qu'elle emporte en hurlant.

Mon guide alors me prend par la main, et me mène
Au buisson qui poussait aussi sa plainte vaine,
Tout mutilé lui-même avec l'ombre et sanglant.

« Jacques de Saint-André (6), quel espoir inutile
T'inspirait de venir me prendre pour asile ? »
Disait-il, « de tes torts suis-je pas innocent ? »

Mon maître vint à lui : « Pauvre ombre qui murmures,
Ton nom ? » lui dit-il, « toi, qui par tant de blessures
Exhales ces accents plaintifs avec ton sang ! »

E quegli a noi: o anime, che giunte
Siete a veder lo strazio disonesto,
Ch' ha le mie frondi sì da me disgiunte,

Raccoglietele al piè del tristo cesto:
Io fui della Città, che nel Battista
Cangiò 'l primo padrone, ond' ei per questo

Sempre con l' arte sua la farà trista.
E se non fosse, che 'n sul passo d' Arno
Rimane ancor di lui alcuna vista,

Quei citadin, che poi la rifondarno
Sovra 'l cener, che d' Attila rimase,
Avrebber fatto lavorare indarno.

Io fei giubbetto a me delle mie case.

Le buisson répondit : « Est-ce, âmes inconnues,
Pour ce spectacle affreux que vous êtes venues?
Vous voyez loin de moi tout mon feuillage épars.

Rassemblez à mes pieds cette dépouille triste.
Je suis de la cité qui pour saint Jean Baptiste
A quitté son premier père, le grand dieu Mars.

Il la fera toujours gémir de cet outrage.
N'était qu'elle a gardé sur l'Arno son image
Qui reste encor debout, dernier culte rendu;

Les citoyens qui l'ont relevée et bâtie,
Des cendres d'Attila l'auraient en vain sortie,
Et leur sublime effort aurait été perdu.

Dans ma propre maison, las ! je me suis pendu.

NOTES DU CHANT XIII.

1. La Cécine, rivière de Toscane qui se jette dans la mer entre Livourne et Piombino.

2. Le *scherzo* que j'ai cru devoir rendre, est encore plus marqué dans le texte.

3. L'ombre qui parle est Pierre des Vignes, chancelier et favori de Frédéric II. Accusé de trahison, il fut condamné à avoir les yeux crevés, et de désespoir il se brisa la tête contre les murs de son cachot.

4. L'Envie.

5. Lano de Sienne, qui dissipa tous ses biens. Vaillant guerrier d'ailleurs, et qui préféra la mort à la fuite au combat de *la Pierre del Toppa*, où les Siennois s'étaient engagés au secours des Florentins. C'est à cette circonstance que ces deux vers font allusion.

6. Jacques de Saint-André était un gentilhomme de Parme, grand dissipateur. Un jour allant à Venise par la Brenta, il s'amusa à jeter dans le fleuve des pièces d'or et d'argent.

7. Les commentateurs hésitent sur le nom de l'ombre qui parle ici. Peut-être Dante lui-même n'a-t-il eu personne en vue. En effet, il faut remarquer que l'ombre de Pierre des Vignes était emprisonnée dans un arbre, et le poëte enferme peut-être à dessein dans un buisson le suicide vulgaire.

8. Florence d'abord dédiée à Mars, dont la statue se voyait encore en 1337 sur le Ponte-Vecchio.

ARGUMENT DU CHANT XIV.

Troisième degré du septième cercle, séjour des violents de la troisième espèce, de ceux qui ont fait violence aux lois de Dieu, de la Nature et de l'Art. C'est une lande aride, couverte d'un sable brûlant; une pluie de flammes y tombe sur les damnés. Dante aperçoit l'impie Capanée, dont les tortures n'ont pas brisé l'orgueil et qui blasphème encore. Tandis que les poëtes poursuivant leur route suivent la lisière de la forêt, un fleuve rouge et bouillant jaillit devant eux : C'est le Phlégéthon. Virgile explique à Dante l'origine merveilleuse de ce fleuve et des autres fleuves de l'enfer. Ils sont formés des larmes de l'Humanité ou du Temps, symbolisé sous la figure d'un vieillard. Les deux poëtes marchent sur la berge du fleuve, où la pluie de feu s'amortit.

CANTO DECIMOQUARTO.

Poichè la carità del natio loco
Mi strinse, raunai le fronde sparte,
E rendele a colui, ch' era già fioco;

Indi venimmo al fine, ove si parte
Lo secondo giron dal terzo, e dove
Si vede di Giustizia orribill' arte.

A ben manifestar le cose nuove,
Dico, che arrivammo ad una landa,
Che dal suo letto ogni pianta rimove.

La dolorosa selva l' è ghirlanda
Intorno, come 'l fosso tristo ad essa:
Quivi fermammo i piedi a randa a randa.

CHANT QUATORZIÈME

Par l'amour du pays l'âme émue, oppressée,
Vite je rassemblai la feuille dispersée
Pour la rendre au buisson, dont la voix s'altérait.

De là nous arrivions à la limite extrême
Où le second giron aboutit au troisième.
La Justice de Dieu, terrible, s'y montrait.

Nous avions devant nous, pour essayer de peindre
Cette enceinte nouvelle où nous venions d'atteindre,
Une lande effrayante, un sol aride et nu.

La forêt douloureuse enserre cette lande,
Comme elle-même avait le fossé pour guirlande.
Nous fîmes halte au bord de ce sol inconnu.

Lo spazzo era una rena arida e spessa,
Non d'altra foggia fatta, chè colei,
Che da' piè di Caton già fu oppressa.

O vendetta di Dio, quanto tu dei
Esser temuta da ciascun, che legge
Ciò, che fu manifesto agli occhi miei!

D'anime nude vidi molte gregge,
Che piangean tutte assai miseramente,
E parea posta lor diversa legge.

Supin giaceva in terra alcuna gente:
Alcuna si sedea tutta raccolta,
Ed altra andava continovamente.

Quella che giva intorno, era più molta,
E quella men, che giaceva al tormento;
Ma più al duolo avea la lingua sciolta.

Sovra tutto 'l sabbion d'un cader lento
Piovean di fuoco dilatate falde,
Come di neve in alpe senza vento.

Quali Alessandro in quelle parti calde
D'India vide sovra lo suo stuolo
Fiamme cadere infino a terra salde,

CHANT XIV.

C'était un champ immense et tout couvert de sable,
Sable brûlant, épais et tout à fait semblable
A celui qui jadis par Caton fut foulé (4).

O vengeance de Dieu, comme tu dois paraître
Épouvantable à qui me lit, et va connaître
Le terrible spectacle à mes yeux révélé !

J'aperçus devant moi des troupeaux d'âmes nues,
Qui misérablement sanglotaient éperdues.
Elles ne semblaient pas souffrir même tourment :

Les unes sur le dos gisant et renversées,
D'autres s'accroupissant et comme ramassées,
Et d'autres qui marchaient continuellement.

Celles-ci, qui tournaient, étaient les plus nombreuses ;
Mais celles qui gisaient semblaient plus malheureuses,
Et leur douleur avait des accents plus profonds.

Sur tout le champ de sable où se tordaient ces âmes,
Lentement, par flocons, tombaient de larges flammes,
Comme par un temps doux la neige sur les monts.

Ainsi, sur ses soldats, autrefois Alexandre,
Dans les plus chauds déserts de l'Inde, vit descendre
Des flammes qui brûlaient les sables en tombant ;

Perch' ei provvide a scalpitar lo suolo
Con le sue schiere, perciocchè 'l vapore
Me' si stingueva, mentre ch' era solo;

Tale scendeva l' eternale ardore:
Onde la rena s' accendea, com' esca
Sotto 'l focile, a doppiar lo dolore.

Senza riposo mai era la tresca
Delle misere mani, or quindi or quinci
Iscotendo da sè l' arsura fresca.

Io cominciai: Maestro, tu, che vinci
Tutte le cose, fuor che i Dimon duri,
Ch' all' entrar della porta incontro uscinci,

Chi è quel grande, che non par che curi
Lo 'ncendio, e giace dispettoso e torto
Sì, che la pioggia non par che 'l maturi?

E quel medesmo, che si fue accorto,
Ch' io dimandava 'l mio Duca di lui,
Gridò: qual io fui vivo, tal son morto.

Se Giove stanchi il suo fabbro, da cui
Crucciato prese la folgore acuta,
Onde l' ultimo dì percosso fui;

Et, faisant aussitôt piétiner son armée
Sur le sol menacé de la pluie enflammée,
Prudent, il étouffait la flamme en l'isolant.

Ainsi le feu maudit tombait dans la carrière.
Comme on voit s'allumer l'amorce sous la pierre,
Le sable prenait feu, doublant les cris des morts.

Leurs misérables mains s'épuisaient à la tâche,
Allant de ci, de là, secouant sans relâche
Chaque tison nouveau qui leur brûlait le corps.

« O maître, esprit puissant et fécond en miracles, »
Dis-je, « et qui fais céder les plus rudes obstacles,
Hors pourtant les démons qui t'ont barré le seuil !

Quelle est cette grande ombre à la flamme insensible ?
Ce damné qui gît là dédaigneux et terrible,
Sans que la pluie ardente ait brisé son orgueil ?

Le pécheur à ces mots, qu'il entendit peut-être,
Devançant aussitôt la réponse du maître,
Cria : « Tel je vécus, tel je suis resté mort.

Quand même Jupiter lasserait le ministre
Qui lui forge sa foudre et dans un jour sinistre
Arma pour me frapper son furieux transport ;

E s'egli stanchi gli altri a muta a muta
In Mongibello alla fucina negra;
Gridando: buon Vulcàno, aiuta, aiuta,

Sì com' ei fece alla pugna di Flegra,
E me saetti di tutta sua forza;
Non ne potrebbe aver vendetta allegra.

Allora 'l Duca mio parlò di forza
Tanto, ch'io non l'avea sì forte udito:
O Capaneo, in ciò che non s'ammorza

La tua superbia, se' tu più punito:
Nullo martirio, fuor che la tua rabbia,
Sarebbe al tuo furor dolor compito.

Poi si rivolse a me con miglior labbia,
Dicendo: quel fu un de' sette Regi,
Ch' assiser Tebe, ed ebbe, e par ch' egli abbia

Dio in disdegno, e poco par che 'l pregi:
Ma, com'io dissi lui, gli suoi dispetti
Sono al suo petto assai debiti fregi.

Or mi vien dietro, e guarda, che non metti
Ancor li piedi nella rena arsiccia;
Ma sempre al bosco gli ritieni stretti.

CHANT XIV.

Quand il fatiguerait tour à tour mains et forges,
Tous les marteaux qu'Etna renferme dans ses gorges,
En criant. Bon Vulcain, au secours, au secours!

Comme il fit au combat de Phlégra ; fureur vaine!
Quand il épuiserait ses flèches et sa haine,
La joie à sa vengeance aura manqué toujours ! »

Mon guide alors d'un ton plus haut, d'une voix forte :
(Il n'avait pas encore parlé de telle sorte)
« Capanéo ! orgueilleux qui ne veux pas fléchir,

Connais dans ton orgueil ta plus grande torture.
Il n'est pas dans l'enfer de souffrance si dure
Que celle que la rage à ton cœur fait souffrir. »

Puis se tournant vers moi, d'une voix adoucie :
« C'est un des chefs tués à Thèbe en Béotie ;
Il méprisait Dieu ; mort, il garde ses mépris ;

Au lieu de supplier, insolent, il blasphème.
Mais, je le lui disais, cette insolence même
De son cœur indomptable est le plus digne prix.

Allons, viens après moi, sur ma trace suivie,
Prends garde de fouler cette arène havie,
Et près de la forêt marche toujours serré. »

Tacendo divenimmo là 've spiccia
Fuor della selva un picciol fiumicello,
Lo cui rossore ancor mi raccapriccia.

Quale del Bulicame esce 'l ruscello,
Che parton poi tra lor le peccatrici;
Tal per la rena giù sen giva quello.

Lo fondo suo, ed ambo le pendici
Fatt' eran pietra, e i margini da lato;
Perch' io m' accorsi, che il passo era lici.

Tra tutto l'altro, ch' io t' ho dimostrato,
Posciachè noi entrammo per la porta,
Lo cui sogliare a nessuno è negato,

Cosa non fu dagli tuoi occhi scorta
Notabile, com' è 'l presente rio,
Che sopra sè tutte fiammelle ammorta.

Queste parole fur del Duca mio:
Perch' io pregai, che mi largisse 'l pasto,
Di cui largitò m' aveva 'l disio.

In mezzo 'l mar siede un paese guasto,
Diss' egli allora, che s' appella Creta,
Sotto 'l cui Rege fu già 'l mondo casto.

CHANT XIV.

En silence du bois nous suivions la lisière,
Lorsque j'en vis jaillir une étroite rivière :
Son flot rouge me fit frémir tout atterré.

Semblable à ce ruisseau sorti du Bulicame (2)
Où les filles du lieu vont puiser un dictame,
Sur l'arène on voyait le fleuve s'épancher.

Le fond, les deux côtés de l'étrange rivière,
Les bords dans leur largeur étaient construits en pierre :
Je vis que c'était là que je devais marcher.

— « De tout ce que je t'ai montré dans notre route,
Depuis que nous avons franchi la triste voûte
Dont le seuil à personne, hélas ! n'est interdit ;

Tes yeux n'avaient rien vu, » me dit alors mon guide,
« Rien d'aussi merveilleux que ce courant rapide.
Il passe, et sur ses flots la flamme s'amortit. »

Ainsi parla le maître, et moi j'ouvris l'oreille,
Avide, et le priai de dire la merveille
Qui tenait en arrêt ma curiosité.

« Au milieu de la mer, » dit alors le poëte,
« Est un pays détruit que l'on nomme la Crète.
Il vit le monde enfant, dans sa simplicité.

Una montagna v'è, che già fu lieta
D'acqua e di frondi, che si chiama Ida;
Ora è diserta come cosa vieta.

Rea la scelse già per cuna fida
Del suo figliuolo; e, per celarlo meglio,
Quando piangea, vi facea far le grida.

Dentro dal monte sta dritto un gran veglio,
Che tien volte le spalle inver Damiata,
E Roma guarda sì, come suo speglio.

La sua testa è di fin' oro formata,
E puro argento son le braccia e 'l petto;
Poi è di rame infino alla forcata:

Da indi in giuso è tutto ferro eletto,
Salvo che 'l destro piede è terra cotta,
E sta 'n su quel, più che 'n sull' altro, eretto.

Ciascuna parte, fuor che l'oro, è rotta
D' una fessura, che lagrime goccia,
Le quali accolte foran quella grotta.

Lo corso in questa valle si diroccia:
Fanno Acheronte, Stige, Flegetonta;
Poi sen van giù per questa stretta doccia.

Là règne un mont jadis couvert d'eaux, de feuillages :
L'Ida, c'est son doux nom, souriait aux vieux âges ;
Ce n'est plus aujourd'hui qu'un désert, qu'un débris.

Rhéa l'avait choisi pour le berceau fidèle
De l'enfant que cachait sa crainte maternelle,
Et dont elle étouffait les pleurs avec ses cris.

Dans les flancs de ce mont, comme un anachorète,
Se tient debout, le dos tourné vers Damiette,
Un vieillard (3) l'œil fixé sur Rome, son miroir.

En or fin est son col, et sa tête divine ;
D'argent pur sont pétris ses bras et sa poitrine,
Son tronc jusqu'à la fourche est de cuivre plus noir.

Le reste de son corps de fer indélébile,
Excepté son pied droit lequel est fait d'argile,
Et c'est sur celui-là que pèse tout son corps.

Argent, airain et fer ont tous quelque brisure,
Et distillent des pleurs qui par chaque fissure
Filtrent dans la montagne et s'épanchent dehors.

Ils forment en coulant dans ces vallons sans bornes
Le Phlégéthon, le Styx, l'Achéron, fleuves mornes ;
Par ce conduit étroit ils vont toujours plus bas.

Infin là, ove più non si dismonta:
Fanno Cocito; e, qual sia quello stagno,
Tu 'l vederai, però qui non si conta.

Ed io a lui: se 'l presente rigagno
Si deriva così dal nostro mondo,
Perchè ci appar pure a questo vivagno?

Ed egli a me: tu sai, che 'l luogo è tondo;
E tutto che tu sii venuto molto
Pur a sinistra giù calando al fondo,

Non se' ancor per tutto 'l cerchio volto;
Perchè, se cosa n' apparisce nuova,
Non dee addur maraviglia al tuo volto.

Ed io ancor: Maestro, ove si truova
Flegetonte, e Letè; chè dell' un taci,
E l' altro di' che si fa d' esta piova?

In tutte tue question certo mi piaci,
Rispose; ma 'l bollor dell' acqua rossa
Dovea ben solver l' una, che tu faci.

Letè vedrai, ma fuor di questa fossa,
Là dove vanno l' anime a lavarsi,
Quando la colpa pentuta è rimossa.

CHANT XIV.

Et, coulant jusqu'au fond de l'enceinte profonde,
Engendrent le Cocyte ; or tu verras cette onde,
Ainsi pour le moment je ne t'en parle pas. »

— « Mais si ce courant d'eau que je vois là, » lui dis-je,
« Vient de notre univers, dis-moi par quel prodige
Il n'apparaît qu'ici dans ce gouffre profond ? »

— « Tu vois, » répondit-il, « que ronde est cette voûte ;
Et quoique nous soyons avancés dans la route,
En descendant toujours à gauche vers le fond,

Nous n'avons pas du cercle achevé l'étendue ;
Si donc chose nouvelle apparaît à ta vue
Garde, en la regardant, ton œil accoutumé. »

— « Où donc le Phlégéthon et le Léthé, mon maître ? »
Dis-je encore, « de l'un tu ne fais rien connaître,
Et de l'autre tu dis qu'il est de pleurs formé. »

— « Te répondre, » dit-il, « est toujours chose douce ;
Mais le bouillonnement pourtant de cette eau rousse
T'aurait bien dû pour moi répondre cette fois (4).

Tu verras le Léthé, mais hors de ces abîmes,
Aux lieux où les esprits se lavent de leurs crimes,
Quand le pardon de Dieu leur en remet le poids.

Poi disse : omai è tempo da scostarsi
Dal bosco ; fa che di retro a me vegne :
Li margini fan via, che non son arsi,

E sopra loro ogni vapor si spegne.

Or laissons là ce bois, » dit ensuite le sage,
« Suis moi toujours ; ces bords nous offrent un passage,
Ils ne sont pas brûlés comme ce pauvre champ.

Toute flamme s'éteint et meurt en les touchant. »

NOTES DU CHANT XIV.

1. Les sables de la Libye, que Caton d'Utique traversa avec les débris de l'armée de Pompée pour rejoindre Juba.

2. Sources d'eaux minérales à deux milles de Viterbe, où les prostituées allaient prendre des bains.

3. Le Temps ou l'Humanité tourne le dos à Damiette, c'est-à-dire à l'Orient, au passé idolâtre et païen; son visage est tourné vers Rome, c'est-à-dire vers l'Occident, vers le présent Chrétien. Son corps est composé de quatre métaux, symboles des premiers âges; il s'appuie sur un pied d'argile qui présage la fin prochaine du monde. Par les fissures de ces métaux coulent les pleurs du vieillard. L'or seul ne leur livre aucun passage, car l'âge d'or n'a connu ni le crime ni les larmes. Quelle touchante mélancolie dans cette idée des fleuves de l'enfer, nés des larmes de tous les hommes!

4. « Tu aurais dû comprendre que c'est le fleuve bouillonnant qui est le Phlégéthon. » L'étymologie grecque du mot indique en effet un fleuve brûlant.

ARGUMENT DU CHANT XV.

Une nouvelle troupe de damnés fixe l'attention de Dante. Ce sont les Sodomites, coupables du péché qui outrage violemment les lois de la Nature. Parmi eux il reconnaît avec émotion son vieux maître Brunetto Latini, qui lui prédit sa gloire et son exil, et, au milieu de ses compagnons de douleur, clercs et savants docteurs pour la plupart, lui désigne les plus fameux.

CANTO DECIMOQUINTO

Ora cen porta l' un de' duri margini,
E 'l fummo del ruscel di sopra aduggia
Sì, che dal fuoco salva l'acqua, e gli argini.

Quale i Fiamminghi tra Guzzante e Bruggia,
Temendo 'l fiotto che in ver lor s' avventa,
Fanno lo schermo, perchè 'l mar si fuggia;

E quale i Padovan lungo la Brenta,
Per difender lor ville, e lor castelli,
Anzi che Chiarentana il caldo senta;

A tale immagine eran fatti quelli,
Tutto che nè sì alti, nè sì grossi,
Qual che si fosse, lo Maestro felli.

CHANT QUINZIÈME

Or nous marchions, suivant un de ces bords de pierre.
Une épaisse vapeur qu'exhalait la rivière
Les couvrait, préservant du feu l'onde et les bords.

Ainsi que les Flamands, entre Cadsant et Bruges,
Craignant le flot qui monte, opposent au déluge
La digue où de la mer expirent les efforts ;

Et tels les Padouans, tremblants pour leurs rivages,
Le long de la Brenta construisent leurs ouvrages,
Quand fondent les glaciers de la Chiarentana :

Un puissant maître avait ainsi créé ces marges,
Hormis qu'elles étaient moins hautes et moins larges
Les berges que ce bras inconnu façonna.

Già eravam dalla selva rimossi
Tanto, ch' io non avrei visto dov' era,
Perch' io 'ndietro rivolto mi fossi;

Quando incontrammo d' anime una schiera,
Che venia lungo l' argine, e ciascuna
Ci riguardava, come suol da sera

Guardar l' un l' altro sotto nuova Luna;
E sì ver noi aguzzavan le ciglia,
Come vecchio sartor fa nella cruna.

Così adocchiato da cotal famiglia,
Fui conosciuto da un, che mi prese
Per lo lembo, e gridò: qual maraviglia?

Ed io, quando 'l suo braccio a me distese,
Ficcai gli occhi per lo cotto aspetto,
Sì che 'l viso abbruciato non difese

La conoscenza sua al mio 'ntelletto:
E chinando la mia alla sua faccia
Risposi: siete voi qui, ser Brunetto?

E quegli: o figliuol mio, non ti dispiaccia
Se Brunetto Latini un poco teco
Ritorna in dietro, e lascia 'ndar la traccia.

CHANT XV.

Du bois derrière nous s'effaçait la lisière ;
Déjà, si j'eusse osé regarder en arrière,
Mes yeux l'auraient au loin cherché sans le revoir,

Quand vint à notre encontre un essaim pressé d'ombres
Qui côtoyaient le bord ; chacune en ces prénombres
Semblait nous regarder, comme souvent le soir

On se cherche aux lueurs de la nuit qui scintille ;
Comme un vieil artisan sur le chas de l'aiguille
Elles écarquillaient leurs yeux fixés sur nous.

Tandis que je servais de mire à cette bande,
Par le pan de ma robe un d'entre eux m'appréhende.
Il m'avait reconnu : « Ciel ! » cria-t-il, « c'est vous ! »

Tandis qu'il étendait les bras sur mon passage,
Je fixais mes regards sur ce pauvre visage ;
Et si défiguré qu'il parut à mes yeux,

A mon tour cependant je pus le reconnaître ;
Et m'inclinant vers lui, je répondis : « O maître,
O messer Brunetto ! vous ici, dans ces lieux !

Et lui : « Permets, mon fils, qu'un instant, en arrière,
Et laissant cette file aller dans la carrière,
Brunetto Latini (1) s'en vienne près de toi. »

Io dissi lui : quanto posso ven' preco;
E se volete che con voi m' assoggia,
Faròl, se piace a costui; chè vo seco,

O Figliuol, disse, qual di questa greggia
S' arresta punto, giace poi cent' anni
Senza arrostarsi quando 'l fuoco il feggia.

Però va oltre : io ti verrò a' panni,
E poi rigiugnerò la mia masnada,
Che va piangendo i suoi eterni danni.

Io non osava scènder della strada,
Per andar par di lui; ma 'l capo chino
Tenea, com' uom che riverente vada.

Ei cominciò : qual fortuna, o destino
Anzi l' ultimo dì quaggiù ti mena?
E chi è questi, che mostra 'l cammino?

Lassù di sopra in la vita serena,
Rispos' io lui, mi smarri' in una valle,
Avanti che l' età mia fosse piena.

Pur ier mattina le volsi le spalle :
Questi m'apparve, tornand' io in quella,
E riducemi a ca per questo calle.

CHANT XV.

Je répondis : « C'est là ma plus vive prière.
Voulez-vous nous asseoir ici sur cette pierre ?
Si cet homme y consent, car il est avec moi. »

— « Mon fils, celle, » dit-il, « de ces ombres damnées,
Qui s'arrête un instant, demeure cent années
Gisant sans se tourner sous ce feu dévorant.

Va donc ; nous marcherons tous les deux côte à côte,
Et puis, je rejoindrai mes compagnons de faute,
Condamnés éternels qui s'en vont en pleurant. »

Pour moi, je n'osais pas descendre la chaussée
Pour marcher près de lui, mais, la tête baissée,
J'allais respectueux et suivais sans péril.

— « Quelle chance, » dit-il, « douce ou bien inhumaine
Avant le jour suprême en ces bas lieux te mène ?
Et ce guide avec qui tu marches, quel est-il ? »

Je répondis : « Là-haut, sur la terre étoilée,
J'étais perdu, j'errais au fond d'une vallée,
Avant d'avoir atteint le sommet de mes jours.

Mais hier au matin, je faisais volte face ;
Il vint à moi, tandis que je cherchais ma trace,
Et me ramène au monde en suivant ces détours. »

Ed egli a me: se tu segui tua stella,
Non poi fallire a glorioso porto,
Se ben m' accorsi nella vita bella:

E s' io non fossi sì per tempo morto,
Veggendo 'l Cielo a te così benigno,
Dato t' avrei all' opera conforto.

Ma quello ingrato popolo maligno,
Che discese di Fiesole ab antico,
E tiene ancor del monte e del macigno,

Ti si farà per tuo ben far nimico:
Ed è ragion; chè tra gli lazzi sorbi
Si disconvien fruttare il dolce fico.

Vecchia fama nel mondo li chiama orbi;
Gente avara, individiosa, e superba:
Da' lor costumi fa che tu ti forbi.

La tua fortuna tanto onor ti serba,
Che l' una parte e l' altra avranno fame
Di te; ma lungi fia dal becco l' erba.

Faccian le bestie Fiesolane strame
Di lor medesme, e non tocchin la pianta,
S' alcuna surge ancor nel lor letame,

CHANT XV.

L'ombre reprit alors : « Si tu suis ton étoile,
Glorieux est le port où doit entrer ta voile,
Si j'ai bien dans le monde interrogé ton sort (2);

Et si je n'étais mort avant l'âge à la terre,
Voyant le ciel pour toi si doux et si prospère,
Je t'aurais au travail donné cœur et confort.

Mais cette nation méchante, ingrate et folle,
Ce peuple qui sortit autrefois de Fiésole (3)
Et qui de ses rochers a gardé l'âpreté,

Payera tes bienfaits par sa haine et sa rage;
Et c'est raison : jamais près du sorbier sauvage
Le doux figuier fut-il impunément planté ?

Aveugles (4), comme dit leur vieille renommée,
Race avare, d'envie et d'orgueil consumée,
De leurs mœurs, ô mon fils, garde-toi pour toujours !

Ton destin te promet des grâces si splendides,
Que tous les deux partis, de toi seront avides.
Mais demeure à l'écart, loin du bec des vautours !

Brutaux, que de leurs corps ils se fassent litière !
Ils le peuvent, mais non toucher la plante altière,
S'il est un rejeton sur leur fumier resté

In cui riviva la sementa santa
Di quei Roman, che vi rimaser quando
Fu fatto 'l nidio di malizia tanta.

Se fosse pieno tutto 'l mio dimando,
Risposi io lui, voi non sareste ancora
Dell' umana natura posto in bando:

Chè in la mente m' è fitta, ed or m' accuora,
La cara e buona immagine paterna
Di voi, quando nel mondo ad ora ad ora

M' insegnavate come l' uom s' eterna:
E quant' io l' abbo in grado, mentre io vivo,
Convien che nella lingua mia si scerna.

Ciò che narrate di mio corso, scrivo,
E serbolo a chiosar con altro testo
A Donna, che 'l saprà, s' a lei arrivo.

Tanto vogl' io, che vi sia manifesto,
Pur che mia coscienza non mi garra,
Ch' alla Fortuna, come vuol, son presto.

Non è nuova agli orecchi miei tale arra:
Però giri Fortuna la sua ruota,
Come le piace, e 'l villan la sua marra.

CHANT XV. 243

En qui revive encor la semence sacrée
Des Romains demeurés dans leur triste contrée,
Quand fut construit le nid de leur perversité ! (5) »

Je lui répondis : « Ah ! si le ciel que j'implore
Exauçait tous mes vœux, vous ne seriez encore
Loin de l'humanité mis à ce ban cruel ;

Car je garde en mon âme, à présent déchirée,
Votre image excellente et chère et révérée !
O mon père, c'est vous, dans le monde mortel,

Qui m'appreniez comment l'homme s'immortalise !
Et je veux qu'on le sache et que ma bouche dise
Tout le gré que j'en ai, jusqu'à mon dernier jour !

Votre prédiction, je la garde fidèle,
Pour la faire expliquer, avec une autre (6), à celle
Qui le peut, si j'arrive à son divin séjour.

Seulement, Brunetto, connaissez ma pensée :
Que notre conscience en rien ne soit blessée :
Aux caprices du sort je suis tout préparé.

D'un augure pareil j'ai déjà reçu l'arrhe.
Ainsi que le paysan en paix tourne sa marre,
Et la fortune aussi notre roue à son gré ! »

Lo mio Maestro allora in su la gota
Destra si volse 'ndietro, e riguardommi;
Poi disse : ben ascolta chi la nota.

Nè per tanto di men parlando vommi
Con ser Brunetto, e dimando chi sono
El suoi compagni più noti e più sommi.

Ed egli a me : saper d' alcuno è buono;
Degli altri fia laudabile tacerci,
Chè 'l tempo saria corto a tanto suono.

In somma sappi, che tutti fur cherci,
E letterati grandi, e di gran fama,
D' un medesmo peccato al mondo lerci.

Priscian sen va con quella turba grama,
E Francesco d' Accorso anco; e vedervi,
S' avessi avuto di tal tigna brama,

Colui potèi, che dal Servo de' servi
Fu trasmutato d'Arno in Bacchiglione,
Ove lasciò li mal protesi nervi.

Di più direi; ma 'l venir, e 'l sermone
Più lungo esser non può, però ch' io veggio
Là surger nuovo fummo dal sabbione.

CHANT XV.

Mon maître, à ce moment, sérieux, me regarde,
Et tournant en arrière à droite : « Prends y garde, »
Dit-il, « bon souvenir fait le bon entendeur. »

Près de l'ombre toujours le long des bords funèbres
Je marchais, demandant les noms les plus célèbres
Parmi ces compagnons de la même douleur.

Brunetto dit : « Plusieurs valent bien qu'on les cite ;
Mais il nous faut passer ceux de moindre mérite,
Car le temps serait court pour de si longs récits.

Bref, apprends qu'ils sont tous gens de robe ou d'église,
Et, malgré le renom qui les immortalise,
Par le même péché dans le monde noircis.

Vois dans ces tristes rangs Priscien (7) qui chemine
Avec François d'Accurse, et de telle vermine
Si tes yeux un instant pouvaient être affamés,

Vois celui que le pape éloignant de son trône
Fit des bords de l'Arno partir au Bacchiglione
Où l'infâme a laissé ses membres déformés (8).

Mais je voudrais en vain t'en dire davantage.
Je me tais, car je vois monter, comme un nuage,
De nouvelles vapeurs hors du sable de feu ;

21.

Gente vien, con la quale esser non deggio:
Siati raccomandato 'l mio Tesoro,
Nel quale io vivo ancora, e più non cheggio.

Poi si rivolse, e parve di coloro,
Che corrono a Verona l' drappo verde
Per la campagna; e parve di costoro

Quegli che vince, e non colui che perde.

Et près de nous arrive une nouvelle bande ;
Je ne puis m'y mêler. Va, je te recommande
Mon Trésor où je vis encor, c'est mon seul vœu. »

Alors il se tourna courant à perdre haleine.
Tels, à Vérone, on voit élancés dans la plaine
Les coureurs disputer la pièce de drap vert :

Il semblait le vainqueur et non celui qui perd.

NOTES DU CHANT XV.

1. Brunetto Latini, poëte, orateur et savant, était à la tête d'une école célèbre d'où sortirent Guido Cavalcante et Dante. Exilé et reçu à Paris à la cour de saint Louis, il composa en français un livre intitulé le Trésor, véritable encyclopédie, dont il parle avec orgueil un peu plus loin.

2. Brunetto Latini était aussi astronome et astrologue.

3. Petite ville située au dessous de Florence et regardée comme son berceau.

4. Allusion à une épithète donnée aux Florentins. Les Pisans leurs alliés leur avaient envoyé, en leur laissant le choix, deux colonnes de porphyre et deux portes de bronze travaillé avec art. Les Florentins préférèrent les colonnes qui étaient enveloppées de riches étoffes ; mais quand on les eut dépouillées de leur enveloppe, on vit trop tard qu'elles étaient à demi-brûlées.

5. Dante prétendait descendre des plus anciennes familles romaines qui avaient conservé leurs titres au milieu des différentes invasions des Barbares.

6. La prédiction de Farinata (au chant X), qui sera expliquée par Béatrix.

7. Priscien, grammairien de Césarée. François d'Accurse jurisconsulte de Florence.

8. André de Mozzi dépossédé de l'évêché de Florence pour ses mœurs dépravées, et envoyé à Vicence où coule le Bacchiglione.

ARGUMENT DU CHANT XVI.

Parvenu presque aux limites du troisième et dernier degré, où déjà il entend le fracas de l'eau qui tombe en bouillonnant dans le huitième cercle, le poëte rencontre les ombres de quelques guerriers florentins qu'a souillés aussi le péché contre nature. Ils l'interrogent avec inquiétude sur le sort de leur patrie et Dante leur confirme la triste vérité. Puis il continue sa route; le bruit de l'eau se rapproche; enfin il arrive au bord d'un gouffre profond. Virgile y jette une corde; à ce signal un monstre, épouvantable apparition, se lève du gouffre.

CANTO DECIMOSESTO

Già era in loco, ove s' udia 'l rimbombo
Dell' acqua, che cadea nell' altro giro,
Simile a quel, che l' arnie fanno, rombo;

Quando tre ombre insieme si partiro,
Correndo, d' una torma che passava
Sotto la piogga dell' aspro martiro.

Venian ver noi; e ciascuna gridava:
Sostati tu, che all' abito ne sembri
Essere alcun di nostra Terra prava.

Aimè, che piaghe vidi ne' lor membri,
Recenti e vecchie dalle fiamme incese!
Ancor men' duol, pur ch' io me ne rimembri.

CHANT SEIZIÈME

Déjà nous entendions le bruit confus de l'onde
Qui tombait dans une autre enceinte de ce monde,
Et pareil à celui de ruches bruissant,

Quand trois ombres ensemble, et formant comme un groupe,
Sortirent en courant du milieu d'une troupe
Qui sous le feu maudit passait en gémissant.

Et de venir vers nous, et de crier ensemble :
« Arrête ! à tes habits, à ton air, il nous semble
Qu'à notre ingrat pays tu dois appartenir ? »

Ah ! quels sillons je vis sur leurs chairs enflammées !
Que de blessures, ciel ! ouvertes ou fermées !
J'en suis encor navré, rien qu'à leur souvenir.

CANTO XVI.

Alle lor grida il mio Dottor s'attese;
Volse 'l viso ver me, e : ora aspetta,
Disse; a costor si vuole esser cortese :

E se non fosse il fuoco, che saetta
La natura del luogo, i' dicerei,
Che meglio stesse a te, ch' a lor, la fretta.

Ricominciàr, come noi ristemmo, ei
L'antico verso; e quando a noi fur giunti,
Fenno una ruota di sè tutti e trei.

Qual suolen i campion far nudi ed unti,
Avvisando lor presa e lor vantaggio,
Prima che sien tra lor battutti e punti;

Così, rotando, ciascuno il visaggio
Drizzava a me, sì che 'n contrario il collo
Faceva ai piè continovo viaggio.

E, se miseria d' esto loco sollo
Rende in dispetto noi e nostri preghi,
Cominciò l'uno, e 'l tinto aspetto e brollo,

La fama nostra il tuo animo pieghi ·
A dirne, chi tu se', che i vivi piedi
Così sicuro per lo 'nferno freghi.

CHANT XVI.

Mon maître, à cet appel que nous venions d'entendre,
S'arrête et me regarde : « Il nous faut les attendre, »
Me dit-il, « si pour eux tu veux être courtois.

Et, sans ces traits brûlants, sans les mortelles flammes
Qui tombent dans ces lieux, je dirais, qu'à ces âmes
L'empressement, mon fils, convient bien moins qu'à toi. »

Nous voyant arrêtés, elles recommencèrent
Leur complainte, et, vers nous dès qu'elles arrivèrent,
En cercle toutes trois se mirent à tourner.

Comme on voit les lutteurs, le corps nu, frotté d'huile,
Pour trouver le point faible et la prise facile,
Avant les premiers coups, longtemps s'examiner,

Elles tournaient, sur moi dirigeant leur visage,
Et faisaient de la sorte un étrange voyage,
Leurs pieds tournant de ci, tournant de là leurs cous.

L'une alors commença : « Si cet horrible sable
Nos traits noircis brûlés, notre aspect misérable
Condamnent au mépris nos prières et nous,

Qu'à notre renommée au moins tu t'attendrisses !
Quel es-tu pour venir aux éternels supplices
Poser tes pieds vivants de cet air assuré ?

Questi, l'orme di cui pestar mi vedi,
Tutto che nudo e dipelato vada,
Fu di grado maggior, che tu non credi:

Nepote fu della buona Gualdrada:
Guidoguerra ebbe nome, ed in sua vita
Fece col senno assai, e con la spada.

L'altro, ch' appresso me la rena trita,
È Thegghiaio Aldobrandi, la cui voce
Nel mondo su dovrebbe esser gradita:

Ed io, che posto son con loro in croce,
Iacopo Rusticucci fui; e certo
La fiera moglie, più ch'altro, mi nuoce.

S' i' fussi stato dal fuoco coverto,
Gittato mi sarei tra lor di sotto,
E credo, che 'l Dottor l' avria sofferto;

Ma perch' i' mi sarei bruciato e cotto,
Vinse paura la mia buona voglia,
Che di loro abbracciar mi facea ghiotto.

Poi cominciai: non dispetto, ma doglia
La vostra condizion dentro mi fisse
Tanto, che tardi tutta si dispoglia,

CHANT XVI.

Celui-ci, dont je suis la trace sur l'arène,
Quoiqu'il aille tout nu, tout écorché se traîne,
Fut, plus que tu ne crois, grand et considéré.

Petit-fils de Gualrade, il eut nom Guidoguerre (1),
Et ce fut un guerrier vaillant, qui sur la terre
S'illustra par la tête autant que par le bras.

Et cet autre, après moi, broyant l'arène ardente,
C'est Aldobrandini (2), dont la voix fut prudente,
Mais donna des conseils que l'on ne suivit pas.

Moi qui porte avec eux cette croix misérable,
Je suis Rusticucci (3) ; ma femme détestable
Fut l'artisan du mal que l'on m'a reproché. »

Si j'avais pu me mettre à couvert de leurs flammes,
Je me serais du bord jeté parmi ces âmes,
Et mon maître, je crois, ne m'en eût empêché ;

Mais j'eusse été brûlé, calciné par la pluie,
Et la peur l'emporta sur cette bonne envie
Qui m'avait pris soudain d'aller les embrasser.

« Ce n'est pas le mépris qu'en mon cœur je sens naître, »
Dis-je alors, « votre sort de douleur me pénètre,
Et cette émotion ne pourra s'effacer.

Tosto che questo mio Signor mi disse
Parole, per le quali io mi pensai,
Che qual voi siete, tal gente venisse.

Di vostra Terra sono : e sempre mai
L'ovra di voi, e gli onorati nomi
Con affezion ritrassi, ed ascoltai.

Lascio lo fele, e vo pei dolci pomi
Promessi a me per lo verace Duca,
Ma fino al centro pria convien che tomi.

Se lungamente l' anima conduca
Le membra tue, rispose quegli allora,
E se la fama tua dopo te luca;

Cortesia e valor, di', se dimora
Nella nostra Città, sì come suole,
O se del tutto se n' è gito fuora?

Chè Guglielmo Borsiere, il qual si duole
Con noi per poco, e va là coi compagni,
Assai ne crucia con le sue parole.

La gente nuova, e i subiti guadagni
Orgoglio, e dismisura han generata,
Fiorenza, in te, sì che tu già ten piagni.

CHANT XVI.

J'en fus saisi sitôt qu'aux paroles du maître
Je compris, même avant de vous bien reconnaître,
Que des morts tels que vous allaient se présenter.

Je suis de votre terre, et votre œuvre accomplie,
Et vos noms honorés toujours dans la patrie
Tendrement je les cite ou les entends citer.

Je vais par l'amertume au jardin angélique
Qu'a promis à mon cœur ce guide véridique;
Mais je dois jusqu'au fond descendre auparavant. »

— « Que la vie en ton corps longtemps reste allumée, »
Repartit l'ombre alors, « et que ta renommée
Resplendisse durable après ton corps vivant!

Mais dis-nous, le courage et la chevalerie
Ont-ils continué d'habiter la patrie?
Se peut-il qu'ils en soient tout à fait exilés?

Car Borsière, nouveau venu dans ces campagnes,
Qui là-bas suit, pleurant, ces ombres nos compagnes,
De ses navrants récits nous a bien désolés. »

— « Ah! tes nouveaux colons, tes fortunes rapides
Ont tant produit d'orgueil, tant d'appétits avides,
Florence, qu'à la fin toi-même t'en émeus! »

22.

Così gridai con la faccia levata :
E i tre, che ciò inteser per riposta,
Guatàr l' un l' altro, come al ver si guata.

Se l' altre volte sì poco ti costa,
Risposer tutti, il soddisfare altrui,
Felice te, che sì parli a tua posta!

Però, se campi d'esti luoghi bui,
E torni a riveder le belle stelle,
Quando ti gioverà dicere : i' fui,

Fa che di noi alla gente favello :
Indi rupper la ruota, ed a fuggirsi
Ale sembiaron le lor gambe snelle.

Un amen non saria potuto dirsi
Tosto così, com' ei furo spariti :
Perchè al Maestro parve di partirsi.

Io lo seguiva, e poco eravam iti,
Che 'l suon dell' acqua n' era sì vicino,
Che per parlar saremmo appena uditi.

Come quel fiume, ch' ha proprio cammino
Prima da monte Veso in ver levante
Dalla sinistra costa d'Apennino,

CHANT XVI.   259

Ainsi criai-je, au ciel en levant mon visage.
Les trois morts comprenant le sens de ce langage,
Tristement éclairés se regardaient entre eux.

— « Si tu réponds toujours avec même franchise,
Et toujours sans péril t'exprimes à ta guise,
Bienheureux, toi qui peux parler comme cela !

C'est pourquoi, si tu sors de la sombre carrière,
Si tu revois le ciel et la belle lumière,
Alors qu'avec plaisir tu diras : J'étais là !

Fais au moins que de nous l'on parle dans le monde ! »
Les esprits, à ces mots, interrompant leur ronde,
S'enfuirent comme portés sur des ailes d'oiseau.

Un *amen* est plus long dans la bouche du prêtre
Qu'il ne leur a fallu de temps pour disparaître :
Et mon maître se mit en marche de nouveau.

Moi, je suivais ses pas ; nous commencions à peine
Quand le bruit retentit de l'onde si prochaine,
Que le son de nos voix se perdait tout à fait.

Tel ce fleuve qui prend au mont Viso sa source,
Et, laissant l'Apennin à gauche, suit sa course,
Fuyant vers l'Orient par le lit qu'il s'est fait :

Che si chiama Acquacheta suso, avante
Che si divalli giù nel basso letto,
E a Forlì di quel nome è vacante,

Rimbomba là sovra san Benedetto
Dall'alpe, per cadere ad una scesa,
Dove dovria per mille esser ricetto;

Così giù d' una ripa discoscesa
Trovammo risonar quell' acqua tinta,
Sì che 'n poc' ora avria l' orecchia offesa.

Io aveva una corda intorno cinta,
E con essa pensai alcuna volta
Prender la lonza alla pelle dipinta.

Poscia che l' ebbi tutta da me sciolta,
Sì come 'l Duca m' avea comandato,
Porsila a lui aggroppata e ravvolta ;

Ond' ei si volse inver lo destro lato,
E alquanto di lungi dalla sponda
La gittò giuso in quell' alto burrato.

E pur convien che novità risponda,
Dicea fra me medesmo, al nuovo cenno,
Che 'l Maestro con l' occhio sì seconda.

CHANT XVI. 261

Acquachète est le nom qu'aux hauts lieux on lui donne,
Avant qu'en la vallée il descende et bouillonne;
Bientôt il a perdu ce nom près de Forli,

Et mugissant il tombe en une seule masse
Auprès de Saint-Benoit, ce beau séjour de grâce,
Où mille hommes au moins devraient trouver abri (4);

Pareillement au pied d'une roche escarpée,
J'entendais retentir cette eau de sang trempée,
Et j'en fus assourdi dès le premier moment.

Or, je portais sur moi la corde que naguère
Je voulais employer pour prendre la panthère
Dont j'avais convoité le pelage charmant.

De mes reins aussitôt que je l'eus dépouillée,
Sur l'ordre de mon guide, et, l'ayant repliée,
Je la lui présentai comme il me l'avait dit.

Lors il se tourne à droite, et, prenant sa distance,
Tient par-dessus le bord la corde, et puis la lance
Assez loin de la rive en ce gouffre maudit.

Quelque prodige encor sans doute va paraître,
Me disais-je en moi-même, à ce signal du maître;
Il semble qu'il l'appelle et l'assiste des yeux.

Ahi quanto cauti gli uomini esser denno
Presso a color, che non veggon pur l' opra,
Ma per entro i pensier miràn col senno!

Ei disse a me : tosto verrà di sopra
Ciò ch' io attendo; e che 'l tuo pensier sogna;
Tosto convien ch' al tuo viso si scuopra.

Sempre a quel ver, ch' ha faccia di menzogna,
De' l' uom chiuder le labbra quanto puote.
Però che senza colpa fa vergogna.

Ma qui tacer nol posso; e per le note
Di questa commedia, Lettor, ti giuro,
S' elle non sien di lunga grazia vote,

Ch' io vidi per quell' aere grosso e scuro
Venir notando una figura in suso,
Meravigliosa ad ogni cuor sicuro,

Sì come torna colui, che va giuso
Talvolta a solver l' ancora, ch' aggrappa
O scoglio, od altro, che nel mare è chiuso,

Che' n su si stende, e da piè si rattrappa.

Ah! que l'on devrait être avisé près d'un sage!
Il ne nous juge pas seulement à l'ouvrage,
Il lit dans nos pensers les plus mystérieux.

Il me dit : « A l'instant de ce gouffre se lève
Ce que j'attends, et toi, ce que ton esprit rêve
Va tenir dans l'instant ton regard attaché. »

De toute vérité qui semble une imposture,
Il faut, autant qu'on peut, garder sa lèvre pure,
Car c'est gagner la honte encor qu'on n'ait péché.

Et pourtant je ne puis me taire ici, moi-même.
Je le jure, lecteur, la main sur ce poëme.
Ote-lui, si je mens, ta durable faveur!

Je vis, dans l'épaisseur de l'atmosphère obscure,
Arriver, en nageant vers nous, une figure
Monstrueuse vraiment pour le plus ferme cœur;

Tel revient le plongeur descendu sous les ondes,
Pour détacher une ancre au sein des mers profondes,
Et, quand il l'a reprise à quelque écueil perdu,

Monte, pieds ramassés, et le bras étendu.

NOTES DU CHANT XVI.

1. Guidoguerra petit-fils de la belle Gualrade, fut un valeureux chevalier. A la bataille de Benevento, entre Charles Ier et Manfrède, il fut réputé le principal motif de la victoire. (GRANGIER.)

2. Tegghiajo Aldobrandini, de la famille des Adimar, déconseilla l'entreprise des Florentins contre les Siennois, qui eut pour résultat la malheureuse défaite d'Arbia.

3. Jacopo Rusticucci touche ici en mauvaise part de sa femme pour ce qu'elle fut si meschante qu'il fut forcé de se séparer d'elle. (GRANGIER.)

4. Trait de satire. Il y avait là une abbaye qui eût pu recevoir mille religieux, si ses biens avaient été honnêtement administrés.

ARGUMENT DU CHANT XVII.

Description du monstre Géryon, qui vient d'apparaître, comme une image de la Fourbe. Tandis que Virgile s'arrête auprès de lui pour réclamer le secours de ses larges épaules, Dante s'avance un peu plus loin pour considérer les usuriers, ces pécheurs qui ont outragé violemment la nature et l'art, et Dieu par conséquent. Couchés misérablement sur le sable brûlant et sous la pluie de feu, ils portent à leur cou une bourse dont ils semblent repaître leur vue. Chaque bourse est marquée des armoiries du damné et sert à le faire reconnaître. Dante rejoint Virgile et, non sans effroi, descend avec lui dans le huitième cercle sur le dos de Géryon.

CANTO DECIMOSETTIMO

Ecco la fiera con la coda aguzza,
Che passa i monti, e rompe muri ed armi :
Ecco colei, che tutto il mondo appuzza ;

Si cominciò lo mio Duca a parlarmi,
Ed accennolle, che venisse a proda,
Vicino al fin de' passeggiati marmi :

E quella sozza immagine di froda
Sen venne, ed arrivò la testa e 'l busto :
Ma in su la riva non trasse la coda.

La faccia sua era faccia d' uom giusto,
Tanto benigna avea di fuor la pelle,
E d' un serpente tutto l' altro fusto.

CHANT DIX-SEPTIÈME

« Voici qu'il vient, le monstre à la queue affilée,
Qui passe monts, qui brise armes, tour crénelée,
Et de son souffle impur pourrit le monde entier. »

Mon maître, en même temps qu'il me tint ce langage,
A la bête du geste indiqua le rivage,
L'invitant à monter jusqu'au pierreux sentier.

Et de la Fourbe alors cette hideuse image
S'en vint; elle avança le torse et le visage,
Laissant pendre sa queue en arrière des bords.

Ses traits semblaient d'abord les traits d'un homme honnête,
Tant douce était la peau qui recouvrait sa tête;
En serpent s'allongeait le tronc et tout le corps.

Duo branche avea pilose infin l'ascelle;
Lo dosso, e'l petto, ed ambedue le coste
Dipinte avea di nodi e di rotelle.

Con più color sommesse e sopraposte
Non fèr mai in drappo Tartari, nò Turchi,
Nè fur mai tele per Aragne imposte.

Come talvolta stanno a riva i burchi,
Che parte sono in acqua, e parte in terra;
E come là tra li Tedeschi lurchi,

Lo bevero s'assetta a far sua guerra;
Così la fiera pessima si stava
Su l'orlo che, di pietra, il sabbion serra.

Nel vano tutta sua coda guizzava,
Torcendo in su la venenosa forca,
Ch'a guisa di scorpion la punta armava.

Lo Duca disse: or convien che si torca
La nostra via un poco, infino a quella
Bestia malvagia, che colà si corca.

Però scendemmo alla destra mammella,
E dieci passi femmo in su lo stremo,
Per ben cessar la rena e la fiammella:

CHANT XVII.

Elle avait deux grands bras velus jusqu'aux aisselles,
Et des nœuds tachetés en forme de rondelles
Émaillaient sa poitrine et son dos et ses flancs.

Avec tant de couleurs jamais Turcs ni Tartares
N'ont brodé le dessin de leurs étoffes rares ;
Même Arachné filait des tissus moins brillants.

Comme on voit quelquefois une barque captive :
La poupe est dans les flots, la proue est sur la rive;
Ou comme sous le ciel du vorace Germain

Le castor pour chasser s'accroupit au rivage ;
Ainsi vint s'aplatir cette bête sauvage
Sur le roc qui bordait le sablonneux chemin.

Elle tordait sa queue énorme dans le vide
Et dressait une fourche au venin homicide,
Vrai dard de scorpion à sa queue attaché.

— « Il faut nous détourner un peu, » dit le poëte,
« Et marcher jusqu'auprès de la cruelle bête,
De ce monstre là-bas sur la berge couché. »

Nous descendîmes donc en tournant vers la droite,
Et faisant quelques pas sur la margelle étroite
Pour éviter la flamme et le sable brûlant.

23.

E quando noi a lei venuti semo,
Poco più oltre veggio in su la rena
Gente seder propinqua al luogo scemo.

Quivi 'l Maestro: acciocchè tutta piena
Esperienza d'esto giron porti,
Mi disse, or va, e vedi la lor mena.

Li tuoi ragionamenti sien là corti:
Mentre che torni, parlerò con questa,
Che ne conceda i suoi omeri forti.

Così ancor su per la strema testa
Di quel settimo cerchio tutto solo
Andai, ove sedea la gente mesta.

Per gli occhi fuori scoppiava lor duolo:
Di qua di là soccorrien con le mani,
Quando a' vapori, e quando al cado suolo.

Non altrimenti fan di state i cani
Or col ceffo, or col pie, quando son morsi
O da pulci, o da mosche, o da tafani.

Poi che nel viso a certi gli occhi porsi,
Nei quali il doloroso fuoco casca,
Non ne conobbi alcun; ma io m'accorsi

Près du monstre hideux lorsque nous arrivâmes,
Je vis un peu plus loin sur le sable, des âmes
Assises presque au bord de l'abîme béant.

— « De ce giron du cercle, il faut que tu connaisses
Et tous les habitants et toutes les tristesses, »
Dit mon maître, « va donc et vois quel est leur sort ! »

Mais dans cet entretien trop longtemps ne t'arrête !
Et moi dans l'intervalle irai sommer la bête
De nous prêter l'appui de son dos souple et fort. »

Je m'avançai donc seul sur le rebord extrême
De ce cercle d'enfer, lequel est le septième,
Allant où se tenaient les malheureux pécheurs.

Leurs pleurs qui jaillissaient trahissaient leurs tortures
En s'aidant des deux mains, ces pauvres créatures
Luttaient de ci, de là, contre sable et vapeurs,

Tels on voit les grands chiens pendant la canicule,
De mouches et de taons lorsque tout leur corps brûle,
Fatiguer griffe et dents contre l'immonde essaim.

Sur leurs traits vainement mon regard s'attachait :
Mes yeux étaient troublés par le feu qui tombait,
Et je n'en reconnus aucun ; mais à leur sein,

Che dal collo a ciascun pendea una tasca,
Ch' avea certo colore, e certo segno;
E quindi par che 'l lor occhio si pasca.

E com' io riguardando tra lor vegno,
In una borsa gialla vidi azzurro,
Che d' un lione avea faccia e contegno.

Poi procedendo di mio sguardo il curro,
Vidine un' altra come sangue rossa,
Mostrare un' oca bianca più che burro.

Ed un, che d' una scrofa azzurra e grossa
Segnato avea lo suo sacchetto bianco
Mi disse: che fai tu in questa fossa?

Or te ne va: e perchè se' vivo anco,
Sappi, che 'l mio vicin Vitaliano
Sederà qui dal mio sinistro fianco.

Con questi Fiorentin son Padovano:
Spesse fiate m' intronan gli orecchi,
Gridando: vegna il cavalier sovrano,

Che recherà la tasca con tre becchi.
Quindi storse la bocca, e di fuor trasse
La lingua, come bue che 'l naso lecchi.

Au cou de chacun d'eux, j'aperçus suspendue
Une bourse ; ils semblaient en repaître leur vue.
Chacune avait un signe autrement coloré.

Pour les considérer, je m'avançai plus proche,
Et du premier d'entre eux regardant la sacoche,
J'aperçus sur champ d'or un lion azuré (1).

Et poursuivant, j'en vis, à nulle autre pareille,
Une qui paraissait comme du sang vermeille.
Une oie y ressortait blanche comme du lait (2).

Un troisième portait sur sa besace blanche
Une truie azurée et grosse (3) ; or, il se penche
Et me dit : « Que fais-tu sur ce pierreux ourlet ?

Va-t'en, et souviens-toi, pour le dire à la terre,
Que Vitaliano, mon voisin, comme un frère,
Un jour à mon flanc gauche, ici viendra s'asseoir.

Mêlé, moi Padouan, à ces morts de Florence,
Je les entends aussi crier pleins d'espérance :
Vienne le chevalier ? Quand pourrons-nous le voir,

Et sa bourse aux trois becs ! » sous la vapeur ardente
Ici l'ombre s'arrête, et, la langue pendante,
Grimace comme un bœuf qui lèche ses naseaux.

Ed io, temendo no 'l più star crucciasse
Lui, che di poco star m' avea ammonito,
Tornai indietro dall' anime lasse.

Trovai il Duca mio, ch' era salito
Già su la groppa del fiero animale,
E disse a me : or sie forte ed ardito.

Omai si scende per sì fatte scale :
Monta dinanzi, ch' i' voglio esser mezzo,
Sì che la coda non possa far male.

Qual è colui, ch' ha sì presso 'l riprezzo
Della quartana, ch' ha già l' unghie smorte,
E trema tutto, pur guardando il rezzo ;

Tal divenn' io alle parole porte :
Ma vergogna mi fèr le sue minacce,
Che 'nnanzi a buon signor fa servo forte.

I' m' assettai in su quelle spallacce :
Sì volli dir, ma la voce non venne
Com' io credetti : fa che tu m' abbracce.

Ma esso, ch' altra volta mi sovvenne
Ad alto forto, tosto ch' io montai,
Con le braccia m' avvinse e mi sostenne ;

Et moi, me souvenant des paroles du sage,
Craignant de l'irriter en restant davantage,
Je quittai ces damnés et leur tournai le dos.

En arrivant, je vis déjà le doux poëte
Établi sur le dos de la farouche bête,
Et qui me dit : « Allons, viens vite, et point d'effroi !

On ne descend ici que par semblable echelle.
Monte au cou de la bête, et, pour être sûr d'elle,
Moi je vais me placer entre la queue et toi.

Tel un homme aux accès de la fievre quartaine,
Les ongles dejà bleus, grelottant, sans haleine,
Rien qu'à voir l'ombre, est pris d'une froide sueur ;

Un frisson à ces mots agita tout mon être ;
Mais devant lui ma peur eut honte de paraître :
Un maître courageux impose au serviteur.

Force fut de m'asseoir sur cette large échine.
J'essayai de parler : la voix dans ma poitrine
Manqua ; je murmurai : « Par grâce, tiens-moi bien ! »

Mais lui, le guide tendre et toujours secourable,
Dès que j'eus enfourché le dragon redoutable,
M'entoure de ses bras qui me font un soutien.

E disse : Gerïon, muoviti omai :
Le ruote larghe, e lo scender sia poco :
Pensa la nuova soma che tu hai.

Come la navicella esce di loco
In dietro in dietro, sì quindi si tolse;
E poi ch' al tutto si sentì a giuoco,

Là 'v' era 'l petto la coda rivolse,
E quella tesa, como anguilla, mosse,
E con le branche l' aere a sè raccolse.

Maggior paura non credo che fosse
Quando Fetonte abbandonò gli freni,
Perchè 'l Ciel, come appare ancor, si cosse;

Nè quando Icaro misero le reni
Sentì spennar per la scaldata cera,
Gridando il padre a lui : mala via tieni;

Che fu la mia, quando vidi ch' io era
Nell' aere d' ogni parte, e vidi spenta
Ogni veduta, fuor che della fiera.

Ella sen va notando lenta lenta;
Ruota, e discende, ma non me n' accorgo,
Se non ch' al viso e di sotto mi venta.

CHANT XVII.

Et dit : « Va, Géryon ; d'une aile obéissante,
Par de larges circuits adoucis la descente :
Songe au fardeau nouveau dont tu t'en vas chargé. »

Comme une barque à flot qui s'éloigne de terre,
Le monstre lentement de la rive en arrière
Recule, et quand du bord il se sent dégagé,

Il se tourne à demi, puis semblable à l'anguille,
Il agite sa queue allongée, et frétille,
Et de sa double griffe il fend l'air embrasé.

Phaéton trembla moins dans les célestes plaines,
Quand de ses faibles mains laissant tomber les rênes,
Il mit en feu le ciel, encor cicatrisé (6).

Icare eut moins d'effroi, moins d'angoisses mortelles,
Sentant fondre la cire et s'échapper ses ailes,
Son père lui criant : « Tu te perds, malheureux ! »

Que je ne tremblai, moi, quand je sentis la terre
Autour de moi manquer, et que dans l'atmosphère
Plus rien ne vis, plus rien, que le monstre hideux !

Lentement, lentement il nage dans le vide
Et descend en tournant, car je sens l'air humide
Qui me frappe au visage et qui souffle sous moi.

24

Io sentia già dalla man destra il gorgo
Far sotto noi un orribile stroscio;
Perchè con gli occhi in giù la testa sporgo.

Allor fu' io più timido allo scoscio :
Perrocch' io vidi fuochi, e senti' pianti;
Ond' io tremando tutto mi raccoscio.

E vidi poi, che no 'l vedeà davanti,
Lo scendere e 'l girar, per li gran mali
Che s' appressavan da diversi canti.

Come 'l falcon, ch' è stato assai su l' ali,
Che, senza veder logoro o uccello,
Fa dire al falconiere : oimè tu cali;

Discende lasso, onde si muove snello
Per cento ruote, e da lungi si pone
Dal suo maestre disdegnoso e fello;

Così ne pose al fondo Gerïone
A piede a piè della stagliata rocca,
E, discarcate le nostre persone,

Si dileguò, come da corda cocca.

Et déjà j'entendais comme un fracas horrible,
A ma droite, monter de l'abîme invisible.
Je plongeai dans le gouffre un regard plein d'émoi.

Ce coup d'œil dans l'abîme augmenta bien mes craintes!
J'avais vu si grands feux, ouï si grandes plaintes
Que je me ramassai sur moi-même en tremblant.

Et je vis, jusqu'alors resté dans l'ignorance,
Que j'étais descendu dans plus vive souffrance
Qui de tous les côtés venait se rapprochant.

Tel un faucon lassé de déployer son aile
Sans découvrir d'oiseau, sans qu'un leurre l'appelle,
En vain le fauconnier lui crie : « Ah ! scélérat ! »

Il descend fatigué de ses hauteurs limpides,
Et, traçant dans les airs mille cercles rapides,
Maussade et révolté loin du chasseur s'abat;

Tel Géryon au pied de la roche brûlée
Descend, et nous dépose au creux de la vallée :
Et délivré du poids qu'il portait à regret,

Il s'enfuit, et dans l'air s'échappe comme un trait.

NOTES DU CHANT XVII.

1. C'étaient les armoiries des Gianfigliazzi de Florence.
2. L'oie blanche rappelle les armes des Ubriacchi.
3. L'écusson des Scrovigni.
4. Vitaliano del Dente, insigne usurier de Padoue.
5. Cet autre usurier est le Florentin Buiamonte.
6. Allusion à la voie lactée.

FIN DU TOME PREMIER.

ERRATA

Page	Vers	Au lieu de :	Lisez :
107,	2.	*se casser,*	se *cosser.*
125,	18.	*tous brûlés,*	*tout* brûlés.
161,	3.	*pour nous,*	pour *vous.*

www.ingramcontent.com/pod-product-compliance
Lightning Source LLC
Chambersburg PA
CBHW071125160426
43196CB00011B/1809